관세음보살 보문품 사경본

원순스님 · 한글 사경

관세음보살 보문품 사경본

도서출판 법공양

【삼귀의】

귀의불 양족존   거룩한 부처님께 귀의합니다.
歸依佛 兩足尊

귀의법 이욕존   성스런 가르침에 귀의합니다.
歸依法 離欲尊

귀의승 중중존   청정한 스님들께 귀의합니다.
歸依僧 衆中尊

【칠불통계】

제악막작   오늘도 나의 허물 되돌아보며
諸惡莫作

중선봉행   맑고도 향기로운 삶을 살면서
衆善奉行

자정기의   하늘빛 푸른 소원 참마음으로
自淨其意

시제불교   부처님 가르침을 꽃피우소서.
是諸佛敎

【사홍서원】

중생 무변 서원도   중생을 다 건지오리다.
衆生 無邊 誓願度

번뇌 무진 서원단   번뇌를 다 끊으오리다.
煩惱 無盡 誓願斷

법문 무량 서원학   법문을 다 배우오리다.
法門 無量 誓願學

불도 무상 서원성   불도를 다 이루오리다.
佛道 無上 誓願成

* 팔관재계는 십재일인 매달 음력 1일, 8일, 14일, 15일, 18일, 23일,
24일, 28일, 29일, 30일에 받아 지녀
부처님의 복덕과 지혜를 닦아나가는 방편이다.

십재일은 나쁜 기운이 드세어 사람의 몸을 해치고 마음을 어지럽힌다.
그러므로 부처님께서는 여덟 가지 계와 한낮이 지나면 음식을 먹지 않는
재법齋法으로 모든 중생이 복덕과 지혜를 길러 세상의 괴로움에서 벗어나게 하였다.

팔관재계八關齋戒의 '관關'은 허물이 일어나지 않게 막는 것이요, '재齋'는 맑고 깨끗한
삶이며 '계戒'란 지켜야 할 것을 말한다. 여덟 가지 계를 잘 지키면 '맑고 깨끗한 삶'의
뿌리가 저절로 형성된다.

〖팔관재계〗

하룻낮 하룻밤 동안

불비시식不非時食

때가 아니면 먹지 않는 '맑고 깨끗한 삶'을 살아야 합니다.

하룻낮 하룻밤 동안

1. 중생의 생명을 빼앗지 않고 '자비로운 삶'을 살아야 합니다.

2. 도둑질 하지 않고 '마음이 넉넉한 삶'을 살아야 합니다.

3. 인간관계를 나쁘게 맺지 않고 '행복한 삶'을 살아야 합니다.

4. 거짓말하지 않고 '진실한 삶'을 살아야 합니다.

5. 술을 마시지 않고 '지혜로운 삶'을 살아야 합니다.

하룻낮 하룻밤 동안

6. 향수나 꽃으로 몸을 꾸미지 않고 '편안한 삶'을 살아야 합니다.

7. 춤이나 노래로 마음이 들뜨지 않고 '고요한 삶'을 살아야 합니다.

8. 높은 자리에 앉지 않고 '마음을 비우는 삶'을 살아야 합니다.

불기 25   년   월   일   수계행자   정례(頂禮)

【관음전 예불문】

我今 清淨水
아금 청정수
變爲 甘露茶
변위 감로다
奉獻 觀音前
봉헌 관음전

저희들이 공양 올린 맑고 맑은 물 한 그릇
부처님의 가피 입어 감로다가 되었기에
관-세음 보살님께 정성 다해 바치오니

願垂 哀納受
원수 애납수
願垂 哀納受
원수 애납수
願垂慈悲 哀納受
원수자비 애납수

자비로운 마음으로 애틋하게 받으소서.
자비로운 마음으로 애틋하게 받으소서.
자비로운 마음으로 애틋하게 받아 주옵소서.

至心 歸命禮
지심 귀명례
普門示現 願力弘深
보문시현 원력홍심
大慈大悲 觀世音菩薩
대자대비 관세음보살

걸림 없이 나타나서 모든 중생 제도하는
크신 원력 대자대비 관-세음 보살님께
지극정성 절을 하며 이 공양을 올립니다.

至心 歸命禮
지심 귀명례
尋聲救苦 應諸衆生
심성구고 응제중생
大慈大悲 觀世音菩薩
대자대비 관세음보살

고통 속의 신음소리 중생들을 찾아가서
제도하는 대자대비 관-세음 보살님께
지극정성 절을 하며 이 공양을 올립니다.

8

至心 歸命禮
지심 귀명례

左補處 南巡童子
좌보처 남순동자

右補處 海上龍王
우보처 해상용왕

좌측 보좌 남순동자 우측 보좌 해상용왕
지극정성 절을 하며 이 공양을 올립니다.

白衣觀音 無說說
백의관음 무설설

南巡童子 不聞聞
남순동자 불문문

瓶上綠楊 三際夏
병상녹양 삼제하

巖前翠竹 十方春
암전취죽 시방춘

백의관음 말이 없이 모든 법을 다 설하고
남순동자 들음 없이 온갖 법을 다 들으니
유리병에 초록 버들 사시사철 여름이요
바위 앞의 푸른 대숲 시방세계 봄날이네.

故我一心
고아일심

歸命頂禮
귀명정례

그리하여 제가 지금
지극정성 절을 하며 이 공양을 올립니다.

부처님 세상을 바로 보는 길

'관세음보살 보문품'은 관세음보살님의 공덕과 위신력을 찬탄하며 관세음보살님에 대한 믿음을 불러일으키는 힘이 있습니다. 그래서 관세음보살 앞에서 기도하는 분이라면 늘 곁에 두고 독송하며 사경하는 경전입니다.

불자님들이 절에 가서 부처님께 예불 올리고 관세음보살을 부르며 정성을 다해 기도하는 모습은 대단히 아름답습니다. 그러나 한 가지 아쉬운 점은 예불이나 경전의 뜻을 바르게 알고 하는 분들이 그리 많지 않다는 것입니다. 대부분 예불문이나 경전이 한문으로 되어 있어서 불교를 깊이 있게 공부하지 않고서는 그 뜻을 이해하기가 쉽지 않은 까닭입니다.

그래서 그간 『원각경』『법화경』『육조단경』『서장』『선요』 등 여러 경전과 어록을 우리말로 옮기면서 의식에 쓰이는 예불문이나 경전들도 하루빨리 우리말로 알기 쉽게 뜻풀이를 해야겠다는 마음을 내게 되었습니다. 부처님의 가르침을 제대로 알고 독송하며 사경을 하여야 부처님 세상을 바로 보고 그 길로 들어갈 수 있기 때문입니다.

이 사경본은 '관세음보살 보문품'을 세 번 되풀이해서 쓸 수 있게 편집되어 있고, 아침저녁으로 부처님 앞에서 예불을 올릴 때 독송하는 '반야심경'과 '무상계'도 함께 실려 있습니다.

'반야심경' 같은 경우는 부처님 가르침 가운데 핵심인 '공空' 도리를 짧은 글에 담고 있으므로, 그 내용이 일반 사람들에게는 심오하고 어렵게 느껴집니다. 우리말로 풀어쓴 것만으로는 이해가 조금 부족할 수 있다고 생각되어 간단하게 강설을 덧붙였습니다.

'무상계'는 절집에서 영가 천도할 때 많이 읽히고 있습니다. 육신을 떠난 영가가 극락정토에 들어갈 수 있도록 '부처님의 계'를 주는 것이지만, 살아 있는 사람에게도 이보다 더 좋은 법문이 없을 정도로 뛰어난 부처님의 가르침이 들어있습니다.

『화엄경』에서 "믿음은 도道의 근본이요 공덕의 어머니가 된다."라고 하였는데, '관세음보살 보문품'을 계속 사경하다 보면 불보살님에 대한 믿음이 시나브로 깊어질 것입니다. 한 글자씩 정성스럽게 부처님의 가르침을 옮겨 쓰는 사경 불사는 부처님 가르침대로 살고자 하는 원력이 담겨 있기 때문입니다.

그러므로 사경을 할 때는 몸과 마음을 정갈히 하고 깨끗한 장소에서 한마음으로 한 자 한 자 정성을 다해 써서 나가야 합니다. 성스러운 부처님을 모셔 놓거나 향을 피우는 의식도 좋습니다.

사경을 할 때는 처음부터 끝까지 조급한 마음도 없고 또한 게으른 마음도 없어야 합니다. 거문고의 줄을 고르듯 한 획 한 획 마지막까지 붓에 힘을 싣는 정성으로 집착과 시비 분별하는 마음을 내려놓고 부처님의 마음자리로 들어가야 합니다.

사경을 한 뒤에는 오색 비단 보자기에 싸서 이 경전을 깨끗한 곳에 모셔 놓으면, 동서남북의 천왕과 온갖 천신들이 모두 그 장소로 나아가 공양을 올리면서 이 경전을 지키며 보호할 것이니, 이 험한 세상에서 횡사할 일도 없고 다시는 나쁜 세상 어디에도 떨어질 일이 없습니다.

사경을 하는 관세음보살 행자시여, 삼세 모든 부처님이 지키고 보호할 것이니, 그 가피로 온갖 장애와 번뇌에서 벗어나 뜻한 대로 소원이 다 이루어지고 행복한 부처님의 세상에서 늘 함께하옵소서.

　부처님을 믿는 마음 지극정성 사경하니
　빛으로서 오는 복덕 온갖 공덕 회향함에
　온갖 질병 재난 구설 지금 모두 사라져서
　눈길 가는 모든 곳이 눈이 부신 극락정토.

송광사 인월암에서 인월행자 두손 모음

차례

【사경 발원문】

(   ) 사경 제자는

부처님 전에 발원하오니
관세음보살님의 가르침을 받아 지녀 날마다
정성껏 읽고 쓰고 외우겠습니다.

사경에서 나오는 온갖 공덕을
남김없이 우리 이웃에 회향하여
향기로운 부처님의 세상을 꽃피우고자 하오니

시방 삼세 모든 부처님께서는
장애가 없도록 사경하는 제자들을 빠짐없이
굽어살펴 주시옵소서.

20 년 월 일 불제자   정례(頂禮)

【사경 의식】

○ 불법승에 귀의하니

歸依佛 兩足尊
귀의불 양족존

歸依法 離欲尊
귀의법 이욕존

歸依僧 衆中尊
귀의승 중중존

거룩한 부처님께 귀의합니다.

성스런 가르침에 귀의합니다.

청정한 스님들께 귀의합니다.

○ 부처님 법 드러내며

無上甚深 微妙法
무상심심 미묘법

百千萬劫 難遭遇
백천만겁 난조우

我今聞見 得受持
아금문견 득수지

願解如來 眞實意
원해여래 진실의

그 이치가 깊고 깊은 오묘하고 미묘한 법

백천만겁 살더라도 만나 뵙기 어려우니

제가 이제 듣고 보고 부처님 법 받아 지녀

부처님의 진실한 뜻 깨닫기를 원합니다.

○ 법의 곳간 여는 진언

옴 아라남 아라다 (3번)

○ 사경발원

– 사경 발원문 낭독

○ 사경을 마친 뒤

– 손수 쓴 경전을 독송한다.

○ 사경 공덕 회향하니

寫經功德殊勝行
사경공덕수승행

無邊勝福皆廻向
무변승복개회향

普願沈溺諸有情
보원침약제유정

速往無量光佛刹
속왕무량광불찰

경을 쓰는 이 공덕이 보살들의 뛰어난 삶
끝이 없는 온갖 복덕 빠짐없이 회향하여
이 힘으로 원하건대 무명 속의 모든 중생
지금 바로 부처님의 극락정토 가옵소서.

관세음보살 보문품

觀世音菩薩 普門品

온갖 모습 나투시고 그 원력이 넓고 깊은
대자대비 베푸시는 관음보살님이시여
지극정성 절을 하며 목숨 다해 받듭니다.

爾時 無盡意菩薩 卽從座起
이시 무진의보살 즉종좌기

偏袒右肩 合掌向佛 而作是言
편단우견 합장향불 이작시언

世尊 觀世音菩薩 以何因緣
세존 관세음보살 이하인연

名觀世音 佛告 無盡意菩薩
명관세음 불고 무진의보살

善男子 若有無量百千萬億衆生
선남자 약유무량백천만억중생

受諸苦惱 聞是觀世音菩薩
수제고뇌 문시관세음보살

一心稱名 觀世音菩薩
일심칭명 관세음보살

卽時 觀其音聲 皆得解脫
즉시 관기음성 개득해탈

20

관세음보살 보문품

첫 번째 사경

그때 무진의 보살이 자리에서 일어나 정중하게 예의를 갖추고 부처님께 합장하며

"세존이시여, 관세음보살은 무슨 인연으로 '관세음보살'이라 부릅니까?"라고 여쭈었다.

부처님께서 무진의 보살에게 말씀하셨다.

선남자여, 헤아릴 수 없이 많은 백천만억 중생들이 어떤 고통 속에 빠져 있을 때 관세음보살의 명호를 지극정성으로 부른다면, 관세음보살이 곧 그 음성을 듣고 보아 가피를 주시므로 중생들은 모두 온갖 고통에서 벗어나 해탈하게 될 것이다.

若有持是觀世音菩薩名者　設入大
약 유 지 시 관 세 음 보 살 명 자　설 입 대

火　火不能燒　由是菩薩　威神力故
화　화 불 능 소　유 시 보 살　위 신 력 고

若爲大水所漂　稱其名號　卽得淺處
약 위 대 수 소 표　칭 기 명 호　즉 득 천 처

若有百千萬億衆生　爲求金銀　瑠璃
약 유 백 천 만 억 중 생　위 구 금 은　유 리

硨磲　瑪瑙珊瑚　琥珀眞珠等寶　入於
자 거　마 노 산 호　호 박 진 주 등 보　입 어

大海　假使黑風　吹其船舫　飄墮羅刹
대 해　가 사 흑 풍　취 기 선 방　표 타 나 찰

鬼國　其中若有　乃至一人　稱觀世音
귀 국　기 중 약 유　내 지 일 인　칭 관 세 음

菩薩名者　是諸人等　皆得解脫　羅刹
보 살 명 자　시 제 인 등　개 득 해 탈　나 찰

之難　以是因緣　名觀世音
지 난　이 시 인 연　명 관 세 음

관세음보살의 명호를 지니고 사는 사람들은 큰불 속으로 들어가더라도 불이 태울 수 없을 것이니, 이는 관세음보살이 가진 위엄과 신통력의 가피를 입기 때문이다.

큰물에 떠내려가더라도 관세음보살의 명호를 부른다면 곧 얕은 곳에 닿아 귀한 생명을 구할 수 있을 것이다.

백천만억 중생들이 금, 은, 유리, 자거, 마노, 산호, 호박, 진주 같은 보배들을 구하려고 큰 바다에 들어갔다가 폭풍에 휩싸여서 사람들을 잡아먹는 귀신들의 나라로 표류할 때, 그 가운데 한 사람이라도 관세음보살의 명호를 부르는 사람이 있다면, 귀신에게 잡혀 당할 온갖 고난에서 모든 사람이 다 벗어날 것이니, 이런 인연으로 관세음보살이라고 부르는 것이다.

若復有人 臨當被害
약부유인 임당피해

稱觀世音菩薩名者
칭관세음보살명자

彼所執刀杖 尋段段壞 而得解脫
피소집도장 심단단괴 이득해탈

若三千大千國土滿中 夜叉羅刹
약삼천대천국토만중 야차나찰

欲來惱人 聞其稱觀世音菩薩名者
욕래뇌인 문기칭관세음보살명자

是諸惡鬼 尚不能 以惡眼視之
시제악귀 상불능 이악안시지

況復加害
황부가해

設復有人 若有罪 若無罪 杻械枷鎖
설부유인 약유죄 약무죄 추계가쇄

檢繫其身 稱觀世音菩薩名者
검계기신 칭관세음보살명자

皆悉斷壞 即得解脫
개실단괴 즉득해탈

24

어떤 사람이 창과 칼에 찔리게 되었을 때, 관세음보살의 명호를 지극정성으로 부른다면, 상대방의 창과 칼은 산산이 부서져 그 고난에서 벗어나게 될 것이다.

삼천대천세계에 가득한 사나운 야차와 시꺼먼 나찰이 어떤 사람들을 잡아먹으려고 하다가 지극정성으로 부르는 관세음보살의 명호를 들으면, 야차와 나찰의 흉악한 눈으로도 이들을 볼 수 없는데 하물며 어떻게 해를 입힐 수가 있겠느냐?

설사 죄가 있든 없든 어떤 사람이 수갑과 쇠사슬에 묶여 있을 때, 관세음보살의 명호를 지극정성으로 부른다면, 수갑과 쇠사슬이 모두 끊어지고 풀어져서 그 고통에서 벗어나게 될 것이다.

若三千大千國土 滿中怨賊
약 삼 천 대 천 국 토　만 중 원 적

有一商主 將諸商人 齎持重寶
유 일 상 주　장 제 상 인　재 지 중 보

經過險路 其中一人 作是唱言
경 과 험 로　기 중 일 인　작 시 창 언

諸善男子 勿得恐怖 汝等 應當一心
제 선 남 자　물 득 공 포　여 등　응 당 일 심

稱觀世音 菩薩名號 是菩薩 能以無
칭 관 세 음　보 살 명 호　시 보 살　능 이 무

畏 施於衆生 汝等 若稱名者 於此怨
외　시 어 중 생　여 등　약 칭 명 자　어 차 원

賊 當得解脫
적　당 득 해 탈

衆商人聞 俱發聲言 南無觀世音菩
중 상 인 문　구 발 성 언　나 무 관 세 음 보

薩 稱其名故 即得解脫
살　칭 기 명 고　즉 득 해 탈

삼천대천세계에 도둑이 가득 차 있을 때 상인들이 귀한 보물을 가지고 험난한 길을 지나갈 적 그 가운데 한 사람이라도

"선남자들이여, 두려워 말라. 그대들이 지극정성으로 관세음보살의 명호를 부른다면, 관세음보살은 그대들의 공포심을 없애 줄 것이다. 그대들이 관세음보살의 명호를 부른다면, 원수와도 같은 도적들의 손아귀에서 모두 무사하게 벗어나게 될 것이다."라고 말하고

상인들이 그 소리를 듣고 모두 함께 지극정성으로 '나무 관세음보살'을 소리 내어 부른다면 곧 도적들의 손아귀에서 탈 없이 벗어나 모든 두려움을 극복하게 될 것이다.

無盡意 觀世音菩薩摩訶薩
무진의 관세음보살마하살

威神之力 巍巍如是
위신지력 외외여시

若有衆生 多於婬欲
약유중생 다어음욕

常念恭敬 觀世音菩薩 便得離欲
상념공경 관세음보살 변득이욕

若多瞋恚
약다진에

常念恭敬 觀世音菩薩 便得離瞋
상념공경 관세음보살 변득이진

若多愚癡
약다우치

常念恭敬 觀世音菩薩 便得離癡
상념공경 관세음보살 변득이치

끝없이 보살행을 실천하는 무진의 보살이여, 관세음보살의 위엄과 신통력은 이와 같이 크고 위대하느니라.

어떤 중생이 음욕에 깊이 빠져 괴롭더라도, 지극정성으로 늘 관세음보살을 생각하고 공경하면, 바로 음욕의 고통에서 벗어나게 될 것이다.

어떤 중생이 자신도 모르게 성을 많이 내어 괴롭더라도, 지극정성으로 언제나 관세음보살을 생각하고 공경하면, 바로 성냄의 고통에서 벗어나게 될 것이다.

어떤 중생이 어리석음에 깊이 빠져 괴롭더라도, 지극정성으로 끊임없이 관세음보살을 생각하고 공경하면, 바로 어리석음의 고통에서 벗어나게 될 것이다.

無盡意 觀世音菩薩
무 진 의 관 세 음 보 살

有如是等 大威神力 多所饒益
유 여 시 등 대 위 신 력 다 소 요 익

是故衆生 常應心念
시 고 중 생 상 응 심 념

若有女人 設欲求男 禮拜供養
약 유 여 인 설 욕 구 남 예 배 공 양

觀世音菩薩 便生福德智慧之男
관 세 음 보 살 변 생 복 덕 지 혜 지 남

設欲求女 便生端正 有相之女
설 욕 구 녀 변 생 단 정 유 상 지 녀

宿植德本 衆人愛敬
숙 식 덕 본 중 인 애 경

끝없이 보살행을 실천하는 무진의 보살이여, 이와 같은 큰 위엄과 신통력이 관세음보살에게 있으므로 중생에게 이익될 것이 많으니 중생들은 지극정성으로 항상 관세음보살을 생각해야 하느니라.

어떤 여인이 있어 아들을 얻고자 관세음보살님께 예배하고 공양한다면, 바로 복덕과 지혜가 넘치는 아들을 낳을 것이다.

혹 딸을 낳고자 원한다면 바로 단정한 모습을 지닌 여아를 낳을 것이며 이 여아는 전생에 공덕을 심어 놓은 아이이니 모든 사람이 좋아하고 공경하게 될 것이다.

無盡意 觀世音菩薩 有如是力
무 진 의 관 세 음 보 살 유 여 시 력

若有衆生 恭敬禮拜 觀世音菩薩
약 유 중 생 공 경 예 배 관 세 음 보 살

福不唐捐
복 불 당 연

是故衆生
시 고 중 생

皆應受持 觀世音菩薩名號
개 응 수 지 관 세 음 보 살 명 호

無盡意 若有人受持 六十二億恒河
무 진 의 약 유 인 수 지 육 십 이 억 항 하

沙 菩薩名字 復盡形供養 飮食衣服
사 보 살 명 자 부 진 형 공 양 음 식 의 복

臥具醫藥 於汝意云何
와 구 의 약 어 여 의 운 하

是善男子 善女人 功德多不
시 선 남 자 선 여 인 공 덕 다 부

끝없이 보살행을 실천하는 무진의 보살이여, 관세음보살은 이와 같은 힘이 있으므로 중생들이 관세음보살을 공경하고 예배를 올린다면, 그 복은 헛되지 않을 것이니라.

이 때문에 중생들은 모두 관세음보살의 명호를 받아 지녀야 한다.

끝없이 보살행을 실천하는 무진의 보살이여, 어떤 사람이 있어 육십이억 갠지스강 모래알만큼 많은 보살의 명호를 받아 지니고 다시 그 몸이 다하여 죽는 날까지 맛있는 음식, 아름다운 의복, 편안한 침구, 좋은 의약품들을 공양한다면 그대는 어떻게 생각하느냐? 이 선남자 선여인이 지어 놓은 공덕이 많겠느냐?

無盡意言 甚多 世尊
무 진 의 언 심 다 세 존

佛言 若復有人 受持觀世音菩薩名
불 언 약 부 유 인 수 지 관 세 음 보 살 명

號 乃至一時 禮拜供養 是二人福
호 내 지 일 시 예 배 공 양 시 이 인 복

正等無異 於百千萬億劫 不可窮盡
정 등 무 이 어 백 천 만 억 겁 불 가 궁 진

無盡意 受持觀世音菩薩名號
무 진 의 수 지 관 세 음 보 살 명 호

得如是 無量無邊 福德之利
득 여 시 무 량 무 변 복 덕 지 리

無盡意菩薩 白佛言 世尊 觀世音菩
무 진 의 보 살 백 불 언 세 존 관 세 음 보

薩 云何遊此 娑婆世界 云何而爲 衆
살 운 하 유 차 사 바 세 계 운 하 이 위 중

生說法 方便之力 其事云何
생 설 법 방 편 지 력 기 사 운 하

끝없이 보살행을 실천하는 무진의 보살은
"참으로 많습니다, 세존이시여."라고 답하였다.

부처님께서는 말씀하셨다.

어떤 사람이 있어 관세음보살의 명호를 받아 지녀 잠시라도 예배하고 공양하면 이 두 사람이 지어 놓은 복덕은 같고 차이가 없어서 백천만억겁이 지나더라도 다 쓸 수가 없다.

끝없이 보살행을 실천하는 무진의 보살이여, 관세음보살의 명호를 받아 지닌다면 이와 같은 헤아릴 수 없이 많은 복덕을 얻게 될 것이니라.

무진의 보살이 부처님께 사뢰었다.
"세존이시여, 관세음보살님은 어떻게 이 사바세계에 모습을 드러내시고 중생들을 위하여 어떻게 설법하시며 방편으로 드러나는 신통력은 어떤 것이 있습니까?"

佛告 無盡意菩薩 善男子
불고 무진의보살 선남자

若有國土衆生 應以佛身 得度者
약유국토중생 응이불신 득도자

觀世音菩薩 卽現佛身 而爲說法
관세음보살 즉현불신 이위설법

應以辟支佛身 得度者
응이벽지불신 득도자

卽現辟支佛身 而爲說法
즉현벽지불신 이위설법

應以聲聞身 得度者
응이성문신 득도자

卽現聲聞身 而爲說法
즉현성문신 이위설법

應以梵王身 得度者
응이범왕신 득도자

卽現梵王身 而爲說法
즉현범왕신 이위설법

부처님께서 무진의 보살에게 말씀하셨다.

선남자여, 만약 어떤 중생들이 있어 부처님의 몸으로 제도할 사람들에게는, 관세음보살이 곧 부처님의 몸을 나토서 법을 설할 것이니라.

벽지불의 몸으로 제도할 사람들에게는, 관세음보살이 곧 벽지불의 몸을 나토서 법을 설할 것이니라.

성문의 몸으로 제도할 사람들에게는, 관세음보살이 곧 성문의 몸을 나토서 법을 설할 것이니라.

범천왕의 몸으로 제도할 사람들에게는, 관세음보살이 곧 범천왕의 몸을 나토서 법을 설할 것이니라.

應以帝釋身　得度者
응 이 제 석 신　득 도 자

卽現帝釋身　而爲說法
즉 현 제 석 신　이 위 설 법

應以自在天身　得度者
응 이 자 재 천 신　득 도 자

卽現自在天身　而爲說法
즉 현 자 재 천 신　이 위 설 법

應以大自在天身　得度者
응 이 대 자 재 천 신　득 도 자

卽現大自在天身　而爲說法
즉 현 대 자 재 천 신　이 위 설 법

應以天大將軍身　得度者
응 이 천 대 장 군 신　득 도 자

卽現天大將軍身　而爲說法
즉 현 천 대 장 군 신　이 위 설 법

應以毗沙門身　得度者
응 이 비 사 문 신　득 도 자

卽現毗沙門身　而爲說法
즉 현 비 사 문 신　이 위 설 법

제석천왕의 몸으로 제도할 사람들에게는, 관세음보살이 곧 제석천왕의 몸을 나토서 법을 설할 것이니라.

자유자재한 천왕의 몸으로 제도할 사람들에게는, 관세음보살이 곧 자유자재한 천왕의 몸을 나토서 법을 설할 것이니라.

걸림 없이 자유자재한 천왕의 몸으로 제도할 사람들에게는, 관세음보살이 곧 걸림 없이 자유자재한 천왕의 몸을 나토서 법을 설할 것이니라.

하늘에 있는 대장군 몸으로 제도할 사람들에게는, 관세음보살이 곧 하늘에 있는 대장군의 몸으로 나토서 법을 설할 것이니라.

불법을 옹호하는 천왕의 몸으로 제도할 사람들에게는, 관세음보살이 곧 불법을 옹호하는 천왕의 몸을 나토서 법을 설할 것이니라.

應以小王身　得度者
응 이 소 왕 신　득 도 자

即現小王身　而爲說法
즉 현 소 왕 신　이 위 설 법

應以長者身　得度者
응 이 장 자 신　득 도 자

即現長者身　而爲說法
즉 현 장 자 신　이 위 설 법

應以居士身　得度者
응 이 거 사 신　득 도 자

即現居士身　而爲說法
즉 현 거 사 신　이 위 설 법

應以宰官身　得度者
응 이 재 관 신　득 도 자

即現宰官身　而爲說法
즉 현 재 관 신　이 위 설 법

應以婆羅門身　得度者
응 이 바 라 문 신　득 도 자

即現婆羅門身　而爲說法
즉 현 바 라 문 신　이 위 설 법

작은 나라의 왕이라는 신분으로 제도할 사람들에게는, 관세음보살이 곧 작은 나라의 왕이라는 신분을 나토서 법을 설할 것이니라.

장자의 몸으로 제도할 사람들에게는, 관세음보살이 곧 장자의 몸을 나토서 법을 설할 것이니라.

거사의 몸으로 제도할 사람들에게는, 관세음보살이 곧 거사의 몸을 나토서 법을 설할 것이니라.

재상의 몸으로 제도할 사람들에게는, 관세음보살이 곧 재상의 몸을 나토서 법을 설할 것이니라.

바라문의 몸으로 제도할 사람들에게는, 관세음보살이 곧 바라문의 몸을 나토서 법을 설할 것이니라.

應以比丘比丘尼　優婆塞優婆夷身
응 이 비 구 비 구 니　우 바 새 우 바 이 신

得度者　即現比丘比丘尼　優婆塞
득 도 자　즉 현 비 구 비 구 니　우 바 새

優婆夷身　而爲說法
우 바 이 신　이 위 설 법

應以長者　居士宰官　婆羅門　婦女身
응 이 장 자　거 사 재 관　바 라 문　부 녀 신

得度者即現婦女身　而爲說法
득 도 자 즉 현 부 녀 신　이 위 설 법

應以童男童女身　得度者
응 이 동 남 동 녀 신　득 도 자

即現童男童女身　而爲說法
즉 현 동 남 동 녀 신　이 위 설 법

應以天龍　夜叉　乾闥婆　阿修羅　迦樓
응 이 천 룡　야 차　건 달 바　아 수 라　가 루

羅　緊那羅　摩睺羅伽　人非人等身　得
라　긴 나 라　마 후 라 가　인 비 인 등 신　득

度者　即皆現之　而爲說法
도 자　즉 개 현 지　이 위 설 법

42

비구, 비구니, 우바새, 우바이의 몸으로 제도할 사람들에게는, 관세음보살이 곧 이들의 몸을 나토서 법을 설할 것이니라.

장자, 거사, 재상, 바라문의 아내 몸으로 제도할 사람들에게는, 관세음보살이 곧 이들 아내의 몸을 나토서 법을 설할 것이니라.

소년, 소녀의 몸으로 제도할 사람들에게는, 관세음보살이 곧 소년, 소녀의 몸을 나토서 법을 설할 것이니라.

하늘의 신, 용, 야차, 건달바, 아수라, 가루라, 긴나라, 마후라가, 사람인 듯 아닌 듯한 중생의 몸으로 제도할 사람들에게는, 관세음보살이 곧 이들의 몸을 나토서 법을 설할 것이니라.

應以執金剛神 得度者
응 이 집 금 강 신　득 도 자

卽現執金剛神 而爲說法
즉 현 집 금 강 신　이 위 설 법

無盡意 是觀世音菩薩 成就 如是功
무 진 의　시 관 세 음 보 살　성 취　여 시 공

德 以種種形 遊諸國土 度脫衆生
덕　이 종 종 형　유 제 국 토　도 탈 중 생

是故
시 고

汝等應當 一心供養 觀世音菩薩
여 등 응 당　일 심 공 양　관 세 음 보 살

是觀世音菩薩摩訶薩　於怖畏急難
시 관 세 음 보 살 마 하 살　어 포 외 급 난

之中 能施無畏 是故
지 중　능 시 무 외　시 고

此娑婆世界 皆號之爲 施無畏者
차 사 바 세 계　개 호 지 위　시 무 외 자

44

금강역사로 제도할 사람들에게는, 관세음보살이 곧 금강역사로 몸을 나토서 법을 설할 것이니라.

끝없이 보살행을 실천하는 무진의 보살이여, 관세음보살은 이와 같은 공덕을 성취하여 온갖 형상으로 온갖 곳에 모습을 나토서 모든 중생을 제도할 것이니라.

이런 까닭에 그대들은 지극정성으로 관세음보살을 공양해야만 한다.

관세음보살은 공포와 두려움 속에 있는 위급한 중생들에게 조금도 두려움이 없는 편안함을 주니, 이 사바세계 사람들은 모두 관세음보살을 '중생의 마음에 두려움이 없게 해주시는 분'이라고 하느니라.

無盡意菩薩 白佛言
무진의보살 백불언

世尊 我 今當供養 觀世音菩薩
세존 아 금당공양 관세음보살

卽解頸衆寶珠瓔珞　價值百千兩金
즉해경중보주영락　가치백천냥금

而以與之作是言
이이여지작시언

仁者 受此法施 珍寶瓔珞
인자 수차법시 진보영락

時觀世音菩薩 不肯受之
시관세음보살 불긍수지

無盡意 復白觀世音菩薩言
무진의 부백관세음보살언

仁者 愍我等故 受此瓔珞
인자 민아등고 수차영락

46

무진의 보살은 부처님께 사뢰었다.

"세존이시여, 제가 이제 관세음보살님께 공양을 올리겠습니다."

그리고는 곧 값비싼 보배 구슬 목걸이를 관세음보살님께 바치면서 말하였다.

"어진 분이시여, 법의 가르침을 받고 공양하는 진귀한 보배 구슬 목걸이를 거두어주시옵소서."

이때 관세음보살이 가만히 있자 무진의 보살이 다시 관세음보살님께 사뢰었다.

"어진 분이시여, 저희 모두 애틋하게 보살펴 주시는 은혜 때문이니 부디 진귀한 보배 구슬 목걸이를 거두어 주시옵소서."

爾時 佛告 觀世音菩薩
이시 불고 관세음보살

當愍 此無盡意菩薩 及四衆 天龍夜
당민 차무진의보살 급사중 천룡야
叉 乾闥婆 阿修羅 迦樓羅 緊那羅
차 건달바 아수라 가루라 긴나라
摩睺羅伽 人非人等 故受是瓔珞
마후라가 인비인등 고수시영락

即時觀世音菩薩 愍諸四衆 及於天
즉시관세음보살 민제사중 급어천
龍 人非人等 受其瓔珞 分作二分 一
룡 인비인등 수기영락 분작이분 일
分 奉釋迦牟尼佛 一分 奉多寶佛塔
분 봉석가모니불 일분 봉다보불탑

이때 부처님께서 관세음보살에게 말씀하셨다.

"무진의 보살과 사부대중, 하늘의 신, 용, 야차, 건달바, 아수라, 가루라, 긴나라, 마후라가, 사람인 듯 아닌 듯한 반인반수半人半獸 이 모든 중생을 애틋하게 보살펴 준 은혜 때문이니 이 진귀한 보배 구슬 목걸이를 받아 주시지요."

관세음보살은 사부대중, 하늘의 신, 용, 사람인 듯 아닌 듯한 반인반수 이 모든 중생을 애틋하게 여기고 있었으므로 그 보배 구슬을 받아 두 몫으로 나누었다. 그리고 한 몫은 석가모니 부처님께 공양을 올리고 또 한 몫은 온갖 보배로운 부처님 탑 앞에 공양을 올렸다.

無盡意 觀世音菩薩
무 진 의　관 세 음 보 살

有如是自在神力 遊於娑婆世界
유 여 시 자 재 신 력　유 어 사 바 세 계

爾時 無盡意菩薩 以偈問曰
이 시　무 진 의 보 살　이 게 문 왈

世尊妙相具 我今重問彼
세 존 묘 상 구　아 금 중 문 피

佛子何因緣 名爲觀世音
불 자 하 인 연　명 위 관 세 음

具足妙相尊 偈答無盡意
구 족 묘 상 존　게 답 무 진 의

汝聽觀音行 善應諸方所
여 청 관 음 행　선 응 제 방 소

弘誓深如海 歷劫不思議
홍 서 심 여 해　역 겁 부 사 의

侍多千億佛 發大淸淨願
시 다 천 억 불　발 대 청 정 원

我爲汝略說 聞名及見身
아 위 여 약 설　문 명 급 견 신

끝없이 보살행을 실천하는 무진의 보살이여, 관세음보살은 이와 같은 자유자재한 신통력이 있어 사바세계에서 중생의 인연에 맞는 몸을 나토서 중생들을 제도하느니라.

그때 무진의 보살이 게송으로 물었다.

오롯하신 부처님께 제가 이제 묻사오니
관음보살 명호 가진 그 까닭이 무엇인지?

온갖 상호 잘 갖추어 원만하신 세존께서
무진의 보살에게 게송으로 답하시네.

그대 이제 잘 들어라, 관음보살 가피 주는
바다 같은 큰 서원은 깊고 깊은 불가사의
천억 부처 따라다녀 이 원력을 세웠노라.

내가 이제 그대에게 간략하게 설하리니
관음보살 이름 듣고 그의 몸을 보았다면

心念不空過　能滅諸有苦
심 념 불 공 과　능 멸 제 유 고

假使興害意　推落大火坑
가 사 흥 해 의　추 락 대 화 갱

念彼觀音力　火坑變成池
염 피 관 음 력　화 갱 변 성 지

或漂流巨海　龍魚諸鬼難
혹 표 류 거 해　용 어 제 귀 난

念彼觀音力　波浪不能沒
염 피 관 음 력　파 랑 불 능 몰

或在須彌峯　爲人所推墮
혹 재 수 미 봉　위 인 소 추 타

念彼觀音力　如日虛空住
염 피 관 음 력　여 일 허 공 주

或被惡人逐　墮落金剛山
혹 피 악 인 축　타 락 금 강 산

念彼觀音力　不能損一毛
염 피 관 음 력　불 능 손 일 모

或値怨賊繞　各執刀加害
혹 치 원 적 요　각 집 도 가 해

念彼觀音力　咸卽起慈心
염 피 관 음 력　함 즉 기 자 심

마음속의 모든 생각 빠짐없이 이루어져
모든 세상 괴로움을 없앨 수가 있느니라.

어떤 이가 해치려고 불속으로 밀더라도
관음보살 염불하면 그 불속이 연못 되고

큰 바다에 던지어져 큰 파도가 치더라도
관음보살 염불하면 거친 파도 사라지며

높고 높은 봉우리서 미끄러져 추락할 때
관음보살 염불하면 허공 속에 떠 있으리.

나쁜 사람 쫓아옴에 벼랑 끝에 떨어져도
관음보살 염불하면 털끝 하나 안 다치고

도적들이 둘러싸고 칼을 들어 해치다가
관음보살 염불하면 자비심을 일으키며

或遭王難苦　臨刑欲壽終
혹 조 왕 난 고　임 형 욕 수 종

念彼觀音力　刀尋段段壞
염 피 관 음 력　도 심 단 단 괴

或囚禁枷鎖　手足被杻械
혹 수 금 가 쇄　수 족 피 추 계

念彼觀音力　釋然得解脫
염 피 관 음 력　석 연 득 해 탈

呪詛諸毒藥　所欲害身者
주 저 제 독 약　소 욕 해 신 자

念彼觀音力　還著於本人
염 피 관 음 력　환 착 어 본 인

或遇惡羅刹　毒龍諸鬼等
혹 우 악 나 찰　독 룡 제 귀 등

念彼觀音力　時悉不敢害
염 피 관 음 력　시 실 불 감 해

若惡獸圍繞　利牙爪可怖
약 악 수 위 요　이 아 조 가 포

念彼觀音力　疾走無邊方
염 피 관 음 력　질 주 무 변 방

나라 법을 어기어서 교수형을 당할 때도
관음보살 염불하면 벼린 칼날 무뎌지리.

감옥 속의 죄수로서 꽁꽁 묶여 있더라도
관음보살 염불하면 절로절로 석방되고

독약으로 저주하며 남 죽이려 하는 사람
관음보살 염불하면 그 반대로 피해 보며

독룡이나 악한 나찰 나쁜 귀신 모든 것들
관음보살 염불하면 해치지를 못하리라.

날카로운 이와 발톱 공격하던 짐승들도
관음보살 염불하면 먼 곳으로 도망가고

蚖蛇及蝮蠍　氣毒烟火燃
원 사 급 복 갈　기 독 연 화 연

念彼觀音力　尋聲自迴去
염 피 관 음 력　심 성 자 회 거

雲雷鼓掣電　降雹澍大雨
운 뢰 고 체 전　강 박 주 대 우

念彼觀音力　應時得消散
염 피 관 음 력　응 시 득 소 산

衆生被困厄　無量苦逼身
중 생 피 곤 액　무 량 고 핍 신

觀音妙智力　能救世間苦
관 음 묘 지 력　능 구 세 간 고

具足神通力　廣修諸方便
구 족 신 통 력　광 수 제 방 편

十方諸國土　無刹不現身
시 방 제 국 토　무 찰 불 현 신

種種諸惡趣　地獄鬼畜生
종 종 제 악 취　지 옥 귀 축 생

生老病死苦　以漸悉令滅
생 로 병 사 고　이 점 실 령 멸

살무사와 전갈 독기 제아무리 사나워도
관음보살 염불하면 소리 듣고 피해 가며

천둥 번개 우박 폭우 사정없이 몰아쳐도
관음보살 염불하면 그 즉시로 사라지고

고난받는 중생들이 하염없이 괴로워도
관음보살 염불하면 그 고통이 없어지리.

신통력을 다 갖추고 지혜 방편 온전하니
시방세계 모든 국토 어디에든 나타나고

가지가지 나쁜 갈래 지옥 아귀 축생들의
생로병사 온갖 고통 점차 모두 제거하며

眞觀淸淨觀　廣大智慧觀
진 관 청 정 관　광 대 지 혜 관

悲觀及慈觀　常願常瞻仰
비 관 급 자 관　상 원 상 첨 앙

無垢淸淨光　慧日破諸闇
무 구 청 정 광　혜 일 파 제 암

能伏災風火　普明照世間
능 복 재 풍 화　보 명 조 세 간

悲體戒雷震　慈意妙大雲
비 체 계 뢰 진　자 의 묘 대 운

澍甘露法雨　滅除煩惱燄
주 감 로 법 우　멸 제 번 뇌 염

諍訟經官處　怖畏軍陣中
쟁 송 경 관 처　포 외 군 진 중

念彼觀音力　衆怨悉退散
염 피 관 음 력　중 원 실 퇴 산

妙音觀世音　梵音海潮音　勝彼世間
묘 음 관 세 음　범 음 해 조 음　승 피 세 간

音　是故須常念　念念勿生疑
음　시 고 수 상 념　염 념 물 생 의

58

진실하고 깨끗하고 크고 넓은 지혜 가져
자비로써 원력 펼쳐 모든 중생 제도하리.

티도 없이 맑은 태양 어둠 깨는 지혜 광명
풍재 화재 굴복시켜 모든 세상 보살피고

큰 자비를 바탕으로 엄정 계율 천둥 같고
인자하신 마음들은 크고 넓은 구름 같아
감로 법문 소낙비로 번뇌 불꽃 잠재우네.

심한 다툼 있는 곳과 전쟁터의 죽음 공포
관음보살 염불하면 모든 재난 사라지리.

오묘 미묘 신통방통 세간 소리 모두 듣고
맑고 맑은 하늘 소리 때맞추어 구원 주는
관세음의 염불 소리 세간에서 뛰어나니
이 때문에 모름지기 잊지 말고 염불하되
관세음의 위엄 신통 한 점 의혹 갖지말라.

觀世音淨聖 於苦惱死厄
관세음정성 어고뇌사액

能爲作依怙 具一切功德 慈眼示衆
능위작의호 구일체공덕 자안시중

生 福聚海無量 是故應頂禮
생 복취해무량 시고응정례

爾時 持地菩薩 卽從座起 前白佛言
이시 지지보살 즉종좌기 전백불언

世尊 若有衆生 聞是觀世音菩薩品
세존 약유중생 문시관세음보살품

自在之業 普門示現 神通力者 當知
자재지업 보문시현 신통력자 당지

是人 功德不少 佛說 是普門品時 衆
시인 공덕불소 불설 시보문품시 중

中八萬四千衆生 皆發無等等 阿耨
중팔만사천중생 개발무등등 아뇩

多羅三藐三菩提心
다라삼먁삼보리심

60

관세음의 깨끗하고 맑고 맑은 성스러움
괴로움과 액운 속에 능히 믿고 의지할 바
모든 공덕 다 갖추어 자비로써 중생 보니
그 복덕이 많고 많아 보살님께 절을 하네.

그때 온갖 공덕을 품고 사는 보살이
자리에서 일어나 부처님 앞에 나아가 사뢰었다.

"세존이시여, 어떤 중생이 있어 관세음보살의 자
유자재하신 위엄과 중생의 형편에 두루 맞추어 보
여주는 신통력을 들은 사람이 있다면, 이 사람의
공덕은 적지 않아 참으로 크다는 것을 알아야 합
니다."

부처님께서 이 '관세음보살 보문품'을 설하실 때
대중 가운데 있던 팔만사천 중생들이 모두 '비할
데 없이 높고 바른 깨달음'인 '아뇩다라삼먁삼보
리심'을 함께 일으켰다.

爾時 無盡意菩薩 卽從座起
이시 무진의보살 즉종좌기

偏袒右肩 合掌向佛 而作是言
편단우견 합장향불 이작시언

世尊 觀世音菩薩 以何因緣
세존 관세음보살 이하인연

名觀世音 佛告 無盡意菩薩
명관세음 불고 무진의보살

善男子 若有無量百千萬億衆生
선남자 약유무량백천만억중생

受諸苦惱 聞是觀世音菩薩
수제고뇌 문시관세음보살

一心稱名 觀世音菩薩
일심칭명 관세음보살

卽時 觀其音聲 皆得解脫
즉시 관기음성 개득해탈

관세음보살 보문품

두 번째 사경

그때 무진의 보살이 자리에서 일어나
정중하게 예의를 갖추고 부처님께 합장하며

"세존이시여, 관세음보살은 무슨 인연으로 '관세
음보살'이라 부릅니까?"라고 여쭈었다.

부처님께서 무진의 보살에게 말씀하셨다.

선남자여, 헤아릴 수 없이 많은 백천만억 중생들
이 어떤 고통 속에 빠져 있을 때 관세음보살의 명
호를 지극정성으로 부른다면, 관세음보살이 곧 그
음성을 듣고 보아 가피를 주시므로 중생들은 모두
온갖 고통에서 벗어나 해탈하게 될 것이다.

若有持是觀世音菩薩名者　設入大
약 유 지 시 관 세 음 보 살 명 자　설 입 대

火　火不能燒　由是菩薩　威神力故
화　화 불 능 소　유 시 보 살　위 신 력 고

若爲大水所漂　稱其名號　卽得淺處
약 위 대 수 소 표　칭 기 명 호　즉 득 천 처

若有百千萬億衆生　爲求金銀　瑠璃
약 유 백 천 만 억 중 생　위 구 금 은　유 리

硨磲　瑪瑙珊瑚　琥珀眞珠等寶　入於
자 거　마 노 산 호　호 박 진 주 등 보　입 어

大海　假使黑風　吹其船舫　飄墮羅刹
대 해　가 사 흑 풍　취 기 선 방　표 타 나 찰

鬼國　其中若有　乃至一人　稱觀世音
귀 국　기 중 약 유　내 지 일 인　칭 관 세 음

菩薩名者　是諸人等　皆得解脫　羅刹
보 살 명 자　시 제 인 등　개 득 해 탈　나 찰

之難　以是因緣　名觀世音
지 난　이 시 인 연　명 관 세 음

관세음보살의 명호를 지니고 사는 사람들은 큰불 속으로 들어가더라도 불이 태울 수 없을 것이니, 이는 관세음보살이 가진 위엄과 신통력의 가피를 입기 때문이다.

큰물에 떠내려가더라도 관세음보살의 명호를 부른다면 곧 얕은 곳에 닿아 귀한 생명을 구할 수 있을 것이다.

백천만억 중생들이 금, 은, 유리, 자거, 마노, 산호, 호박, 진주 같은 보배들을 구하려고 큰 바다에 들어갔다가 폭풍에 휩싸여서 사람들을 잡아먹는 귀신들의 나라로 표류할 때, 그 가운데 한 사람이라도 관세음보살의 명호를 부르는 사람이 있다면, 귀신에게 잡혀 당할 온갖 고난에서 모든 사람이 다 벗어날 것이니, 이런 인연으로 관세음보살이라고 부르는 것이다.

若復有人 臨當被害
약 부 유 인　임 당 피 해

稱觀世音菩薩名者
칭 관 세 음 보 살 명 자

彼所執刀杖 尋段段壞 而得解脫
피 소 집 도 장　심 단 단 괴　이 득 해 탈

若三千大千國土滿中 夜叉羅刹
약 삼 천 대 천 국 토 만 중　야 차 나 찰

欲來惱人 聞其稱觀世音菩薩名者
욕 래 뇌 인　문 기 칭 관 세 음 보 살 명 자

是諸惡鬼 尚不能 以惡眼視之
시 제 악 귀　상 불 능　이 악 안 시 지

況復加害
황 부 가 해

設復有人 若有罪 若無罪 杻械枷鎖
설 부 유 인　약 유 죄　약 무 죄　추 계 가 쇄

檢繫其身 稱觀世音菩薩名者
검 계 기 신　칭 관 세 음 보 살 명 자

皆悉斷壞 卽得解脫
개 실 단 괴　즉 득 해 탈

어떤 사람이 창과 칼에 찔리게 되었을 때, 관세음보살의 명호를 지극정성으로 부른다면, 상대방의 창과 칼은 산산이 부서져 그 고난에서 벗어나게 될 것이다.

삼천대천세계에 가득한 사나운 야차와 시꺼먼 나찰이 어떤 사람들을 잡아먹으려고 하다가 지극정성으로 부르는 관세음보살의 명호를 들으면, 야차와 나찰의 흉악한 눈으로도 이들을 볼 수 없는데 하물며 어떻게 해를 입힐 수가 있겠느냐?

설사 죄가 있든 없든 어떤 사람이 수갑과 쇠사슬에 묶여 있을 때, 관세음보살의 명호를 지극정성으로 부른다면, 수갑과 쇠사슬이 모두 끊어지고 풀어져서 그 고통에서 벗어나게 될 것이다.

若三千大千國土　滿中怨賊
약 삼 천 대 천 국 토　만 중 원 적

有一商主　將諸商人　齎持重寶
유 일 상 주　장 제 상 인　재 지 중 보

經過險路　其中一人　作是唱言
경 과 험 로　기 중 일 인　작 시 창 언

諸善男子　勿得恐怖　汝等　應當一心
제 선 남 자　물 득 공 포　여 등　응 당 일 심

稱觀世音　菩薩名號　是菩薩　能以無
칭 관 세 음　보 살 명 호　시 보 살　능 이 무

畏　施於衆生　汝等　若稱名者　於此怨
외　시 어 중 생　여 등　약 칭 명 자　어 차 원

賊　當得解脫
적　당 득 해 탈

衆商人聞　俱發聲言　南無觀世音菩
중 상 인 문　구 발 성 언　나 무 관 세 음 보

薩　稱其名故　即得解脫
살　칭 기 명 고　즉 득 해 탈

삼천대천세계에 도둑이 가득 차 있을 때 상인들이 귀한 보물을 가지고 험난한 길을 지나갈 적 그 가운데 한 사람이라도

"선남자들이여, 두려워 말라. 그대들이 지극정성으로 관세음보살의 명호를 부른다면, 관세음보살은 그대들의 공포심을 없애 줄 것이다. 그대들이 관세음보살의 명호를 부른다면, 원수와도 같은 도적들의 손아귀에서 모두 무사하게 벗어나게 될 것이다."라고 말하고

상인들이 그 소리를 듣고 모두 함께 지극정성으로 '나무 관세음보살'을 소리 내어 부른다면 곧 도적들의 손아귀에서 탈 없이 벗어나 모든 두려움을 극복하게 될 것이다.

無盡意 觀世音菩薩摩訶薩
무 진 의 관 세 음 보 살 마 하 살

威神之力 巍巍如是
위 신 지 력 외 외 여 시

若有衆生 多於婬欲
약 유 중 생 다 어 음 욕

常念恭敬 觀世音菩薩 便得離欲
상 념 공 경 관 세 음 보 살 변 득 이 욕

若多瞋恚
약 다 진 에

常念恭敬 觀世音菩薩 便得離瞋
상 념 공 경 관 세 음 보 살 변 득 이 진

若多愚癡
약 다 우 치

常念恭敬 觀世音菩薩 便得離癡
상 념 공 경 관 세 음 보 살 변 득 이 치

끝없이 보살행을 실천하는 무진의 보살이여, 관세음보살의 위엄과 신통력은 이와 같이 크고 위대하느니라.

어떤 중생이 음욕에 깊이 빠져 괴롭더라도, 지극정성으로 늘 관세음보살을 생각하고 공경하면, 바로 음욕의 고통에서 벗어나게 될 것이다.

어떤 중생이 자신도 모르게 성을 많이 내어 괴롭더라도, 지극정성으로 언제나 관세음보살을 생각하고 공경하면, 바로 성냄의 고통에서 벗어나게 될 것이다.

어떤 중생이 어리석음에 깊이 빠져 괴롭더라도, 지극정성으로 끊임없이 관세음보살을 생각하고 공경하면, 바로 어리석음의 고통에서 벗어나게 될 것이다.

無盡意 觀世音菩薩
무진의 관세음보살

有如是等 大威神力 多所饒益
유여시등 대위신력 다소요익

是故衆生 常應心念
시고중생 상응심념

若有女人 設欲求男 禮拜供養
약유여인 설욕구남 예배공양

觀世音菩薩 便生福德智慧之男
관세음보살 변생복덕지혜지남

設欲求女 便生端正 有相之女
설욕구녀 변생단정 유상지녀

宿植德本 衆人愛敬
숙식덕본 중인애경

끝없이 보살행을 실천하는 무진의 보살이여, 이와 같은 큰 위엄과 신통력이 관세음보살에게 있으므로 중생에게 이익될 것이 많으니 중생들은 지극정성으로 항상 관세음보살을 생각해야 하느니라.

어떤 여인이 있어 아들을 얻고자 관세음보살님께 예배하고 공양한다면, 바로 복덕과 지혜가 넘치는 아들을 낳을 것이다.

혹 딸을 낳고자 원한다면 바로 단정한 모습을 지닌 여아를 낳을 것이며 이 여아는 전생에 공덕을 심어 놓은 아이이니 모든 사람이 좋아하고 공경하게 될 것이다.

無盡意 觀世音菩薩 有如是力
무 진 의 관 세 음 보 살 유 여 시 력

若有衆生 恭敬禮拜 觀世音菩薩
약 유 중 생 공 경 예 배 관 세 음 보 살

福不唐捐
복 불 당 연

是故衆生
시 고 중 생

皆應受持 觀世音菩薩名號
개 응 수 지 관 세 음 보 살 명 호

無盡意 若有人受持 六十二億恒河
무 진 의 약 유 인 수 지 육 십 이 억 항 하

沙 菩薩名字 復盡形供養 飮食衣服
사 보 살 명 자 부 진 형 공 양 음 식 의 복

臥具醫藥 於汝意云何
와 구 의 약 어 여 의 운 하

是善男子 善女人 功德多不
시 선 남 자 선 여 인 공 덕 다 부

끝없이 보살행을 실천하는 무진의 보살이여, 관세음보살은 이와 같은 힘이 있으므로 중생들이 관세음보살을 공경하고 예배를 올린다면, 그 복은 헛되지 않을 것이니라.

이 때문에 중생들은 모두 관세음보살의 명호를 받아 지녀야 한다.

끝없이 보살행을 실천하는 무진의 보살이여, 어떤 사람이 있어 육십이억 갠지스강 모래알만큼 많은 보살의 명호를 받아 지니고 다시 그 몸이 다하여 죽는 날까지 맛있는 음식, 아름다운 의복, 편안한 침구, 좋은 의약품들을 공양한다면 그대는 어떻게 생각하느냐? 이 선남자 선여인이 지어 놓은 공덕이 많겠느냐?

無盡意言 甚多 世尊
무 진 의 언 심 다 세 존

佛言 若復有人 受持觀世音菩薩名
불 언 약 부 유 인 수 지 관 세 음 보 살 명

號 乃至一時 禮拜供養 是二人福
호 내 지 일 시 예 배 공 양 시 이 인 복

正等無異 於百千萬億劫 不可窮盡
정 등 무 이 어 백 천 만 억 겁 불 가 궁 진

無盡意 受持觀世音菩薩名號
무 진 의 수 지 관 세 음 보 살 명 호

得如是 無量無邊 福德之利
득 여 시 무 량 무 변 복 덕 지 리

無盡意菩薩 白佛言 世尊 觀世音菩
무 진 의 보 살 백 불 언 세 존 관 세 음 보

薩 云何遊此 娑婆世界 云何而爲 衆
살 운 하 유 차 사 바 세 계 운 하 이 위 중

生說法 方便之力 其事云何
생 설 법 방 편 지 력 기 사 운 하

끝없이 보살행을 실천하는 무진의 보살은
"참으로 많습니다, 세존이시여."라고 답하였다.

부처님께서는 말씀하셨다.

어떤 사람이 있어 관세음보살의 명호를 받아 지니 잠시라도 예배하고 공양하면 이 두 사람이 지어 놓은 복덕은 같고 차이가 없어서 백천만억겁이 지나더라도 다 쓸 수가 없다.

끝없이 보살행을 실천하는 무진의 보살이여, 관세음보살의 명호를 받아 지닌다면 이와 같은 헤아릴 수 없이 많은 복덕을 얻게 될 것이니라.

무진의 보살이 부처님께 사뢰었다.
"세존이시여, 관세음보살님은 어떻게 이 사바세계에 모습을 드러내시고 중생들을 위하여 어떻게 설법하시며 방편으로 드러나는 신통력은 어떤 것이 있습니까?"

佛告 無盡意菩薩 善男子
불고　무진의보살　선남자

若有國土衆生 應以佛身 得度者
약유국토중생　응이불신　득도자

觀世音菩薩 卽現佛身 而爲說法
관세음보살　즉현불신　이위설법

應以辟支佛身 得度者
응이벽지불신　득도자

卽現辟支佛身 而爲說法
즉현벽지불신　이위설법

應以聲聞身 得度者
응이성문신　득도자

卽現聲聞身 而爲說法
즉현성문신　이위설법

應以梵王身 得度者
응이범왕신　득도자

卽現梵王身 而爲說法
즉현범왕신　이위설법

부처님께서 무진의 보살에게 말씀하셨다.

선남자여, 만약 어떤 중생들이 있어 부처님의 몸으로 제도할 사람들에게는, 관세음보살이 곧 부처님의 몸을 나토서 법을 설할 것이니라.

벽지불의 몸으로 제도할 사람들에게는, 관세음보살이 곧 벽지불의 몸을 나토서 법을 설할 것이니라.

성문의 몸으로 제도할 사람들에게는, 관세음보살이 곧 성문의 몸을 나토서 법을 설할 것이니라.

범천왕의 몸으로 제도할 사람들에게는, 관세음보살이 곧 범천왕의 몸을 나토서 법을 설할 것이니라.

應以帝釋身 得度者
응 이 제 석 신 　 득 도 자

卽現帝釋身 而爲說法
즉 현 제 석 신 　 이 위 설 법

應以自在天身 得度者
응 이 자 재 천 신 　 득 도 자

卽現自在天身 而爲說法
즉 현 자 재 천 신 　 이 위 설 법

應以大自在天身 得度者
응 이 대 자 재 천 신 　 득 도 자

卽現大自在天身 而爲說法
즉 현 대 자 재 천 신 　 이 위 설 법

應以天大將軍身 得度者
응 이 천 대 장 군 신 　 득 도 자

卽現天大將軍身 而爲說法
즉 현 천 대 장 군 신 　 이 위 설 법

應以毗沙門身 得度者
응 이 비 사 문 신 　 득 도 자

卽現毗沙門身 而爲說法
즉 현 비 사 문 신 　 이 위 설 법

제석천왕의 몸으로 제도할 사람들에게는, 관세음보살이 곧 제석천왕의 몸을 나토서 법을 설할 것이니라.

자유자재한 천왕의 몸으로 제도할 사람들에게는, 관세음보살이 곧 자유자재한 천왕의 몸을 나토서 법을 설할 것이니라.

걸림 없이 자유자재한 천왕의 몸으로 제도할 사람들에게는, 관세음보살이 곧 걸림 없이 자유자재한 천왕의 몸을 나토서 법을 설할 것이니라.

하늘에 있는 대장군 몸으로 제도할 사람들에게는, 관세음보살이 곧 하늘에 있는 대장군의 몸으로 나토서 법을 설할 것이니라.

불법을 옹호하는 천왕의 몸으로 제도할 사람들에게는, 관세음보살이 곧 불법을 옹호하는 천왕의 몸을 나토서 법을 설할 것이니라.

應以小王身 得度者
응이소왕신 득도자

卽現小王身 而爲說法
즉현소왕신 이위설법

應以長者身 得度者
응이장자신 득도자

卽現長者身 而爲說法
즉현장자신 이위설법

應以居士身 得度者
응이거사신 득도자

卽現居士身 而爲說法
즉현거사신 이위설법

應以宰官身 得度者
응이재관신 득도자

卽現宰官身 而爲說法
즉현재관신 이위설법

應以婆羅門身 得度者
응이바라문신 득도자

卽現婆羅門身 而爲說法
즉현바라문신 이위설법

작은 나라의 왕이라는 신분으로 제도할 사람들에게는, 관세음보살이 곧 작은 나라의 왕이라는 신분을 나토서 법을 설할 것이니라.

장자의 몸으로 제도할 사람들에게는, 관세음보살이 곧 장자의 몸을 나토서 법을 설할 것이니라.

거사의 몸으로 제도할 사람들에게는, 관세음보살이 곧 거사의 몸을 나토서 법을 설할 것이니라.

재상의 몸으로 제도할 사람들에게는, 관세음보살이 곧 재상의 몸을 나토서 법을 설할 것이니라.

바라문의 몸으로 제도할 사람들에게는, 관세음보살이 곧 바라문의 몸을 나토서 법을 설할 것이니라.

應以比丘比丘尼　優婆塞優婆夷身
응 이 비 구 비 구 니　우 바 새 우 바 이 신

得度者　卽現比丘比丘尼　優婆塞
득 도 자　즉 현 비 구 비 구 니　우 바 새

優婆夷身　而爲說法
우 바 이 신　이 위 설 법

應以長者　居士宰官　婆羅門　婦女身
응 이 장 자　거 사 재 관　바 라 문　부 녀 신

得度者卽現婦女身　而爲說法
득 도 자 즉 현 부 녀 신　이 위 설 법

應以童男童女身　得度者
응 이 동 남 동 녀 신　득 도 자

卽現童男童女身　而爲說法
즉 현 동 남 동 녀 신　이 위 설 법

應以天龍　夜叉　乾闥婆　阿修羅　迦樓
응 이 천 룡　야 차　건 달 바　아 수 라　가 루

羅　緊那羅　摩睺羅伽　人非人等身　得
라　긴 나 라　마 후 라 가　인 비 인 등 신　득

度者　卽皆現之　而爲說法
도 자　즉 개 현 지　이 위 설 법

비구, 비구니, 우바새, 우바이의 몸으로 제도할 사람들에게는, 관세음보살이 곧 이들의 몸을 나토서 법을 설할 것이니라.

장자, 거사, 재상, 바라문의 아내 몸으로 제도할 사람들에게는, 관세음보살이 곧 이들 아내의 몸을 나토서 법을 설할 것이니라.

소년, 소녀의 몸으로 제도할 사람들에게는, 관세음보살이 곧 소년, 소녀의 몸을 나토서 법을 설할 것이니라.

하늘의 신, 용, 야차, 건달바, 아수라, 가루라, 긴나라, 마후라가, 사람인 듯 아닌 듯한 중생의 몸으로 제도할 사람들에게는, 관세음보살이 곧 이들의 몸을 나토서 법을 설할 것이니라.

應以執金剛神 得度者
응이집금강신 득도자

即現執金剛神 而爲說法
즉현집금강신 이위설법

無盡意 是觀世音菩薩 成就 如是功
무진의 시관세음보살 성취 여시공

德 以種種形 遊諸國土 度脫衆生
덕 이종종형 유제국토 도탈중생

是故
시고

汝等應當 一心供養 觀世音菩薩
여등응당 일심공양 관세음보살

是觀世音菩薩摩訶薩 於怖畏急難
시관세음보살마하살 어포외급난

之中 能施無畏 是故
지중 능시무외 시고

此娑婆世界 皆號之爲 施無畏者
차사바세계 개호지위 시무외자

86

금강역사로 제도할 사람들에게는, 관세음보살이 곧 금강역사로 몸을 나토서 법을 설할 것이니라.

끝없이 보살행을 실천하는 무진의 보살이여, 관세음보살은 이와 같은 공덕을 성취하여 온갖 형상으로 온갖 곳에 모습을 나토서 모든 중생을 제도할 것이니라.

이런 까닭에 그대들은 지극정성으로 관세음보살을 공양해야만 한다.

관세음보살은 공포와 두려움 속에 있는 위급한 중생들에게 조금도 두려움이 없는 편안함을 주니, 이 사바세계 사람들은 모두 관세음보살을 '중생의 마음에 두려움이 없게 해주시는 분'이라고 하느니라.

無盡意菩薩 白佛言
무 진 의 보 살 　 백 불 언

世尊 我 今當供養 觀世音菩薩
세 존 　 아 　 금 당 공 양 　 관 세 음 보 살

卽解頸衆寶珠瓔珞 　 價値百千兩金
즉 해 경 중 보 주 영 락 　 가 치 백 천 냥 금

而以與之作是言
이 이 여 지 작 시 언

仁者 受此法施 珍寶瓔珞
인 자 　 수 차 법 시 　 진 보 영 락

時觀世音菩薩 不肯受之
시 관 세 음 보 살 　 불 긍 수 지

無盡意 復白觀世音菩薩言
무 진 의 　 부 백 관 세 음 보 살 언

仁者 愍我等故 受此瓔珞
인 자 　 민 아 등 고 　 수 차 영 락

무진의 보살은 부처님께 사뢰었다.

"세존이시여, 제가 이제 관세음보살님께 공양을
올리겠습니다."

그리고는 곧 값비싼 보배 구슬 목걸이를
관세음보살님께 바치면서 말하였다.

"어진 분이시여, 법의 가르침을 받고 공양하는
진귀한 보배 구슬 목걸이를 거두어주시옵소서."

이때 관세음보살이 가만히 있자 무진의 보살이 다
시 관세음보살님께 사뢰었다.

"어진 분이시여, 저희 모두 애틋하게 보살펴 주시
는 은혜 때문이니 부디 진귀한 보배 구슬 목걸이
를 거두어 주시옵소서."

爾時 佛告 觀世音菩薩
이시 불고 관세음보살

當愍 此無盡意菩薩 及四衆 天龍夜
당민 차무진의보살 급사중 천룡야

叉 乾闥婆 阿修羅 迦樓羅 緊那羅
차 건달바 아수라 가루라 긴나라

摩睺羅伽 人非人等 故受是瓔珞
마후라가 인비인등 고수시영락

卽時觀世音菩薩 愍諸四衆 及於天
즉시관세음보살 민제사중 급어천

龍 人非人等 受其瓔珞 分作二分 一
룡 인비인등 수기영락 분작이분 일

分 奉釋迦牟尼佛 一分 奉多寶佛塔
분 봉석가모니불 일분 봉다보불탑

이때 부처님께서 관세음보살에게 말씀하셨다.

"무진의 보살과 사부대중, 하늘의 신, 용, 야차, 건달바, 아수라, 가루라, 긴나라, 마후라가, 사람인 듯 아닌 듯한 반인반수半人半獸 이 모든 중생을 애틋하게 보살펴 준 은혜 때문이니 이 진귀한 보배 구슬 목걸이를 받아 주시지요."

관세음보살은 사부대중, 하늘의 신, 용, 사람인 듯 아닌 듯한 반인반수 이 모든 중생을 애틋하게 여기고 있었으므로 그 보배 구슬을 받아 두 몫으로 나누었다. 그리고 한 몫은 석가모니 부처님께 공양을 올리고 또 한 몫은 온갖 보배로운 부처님 탑 앞에 공양을 올렸다.

無盡意 觀世音菩薩
무 진 의　관 세 음 보 살

有如是自在神力 遊於娑婆世界
유 여 시 자 재 신 력　유 어 사 바 세 계

爾時 無盡意菩薩 以偈問曰
이 시　무 진 의 보 살　이 게 문 왈

世尊妙相具 我今重問彼
세 존 묘 상 구　아 금 중 문 피

佛子何因緣 名爲觀世音
불 자 하 인 연　명 위 관 세 음

具足妙相尊 偈答無盡意
구 족 묘 상 존　게 답 무 진 의

汝聽觀音行 善應諸方所
여 청 관 음 행　선 응 제 방 소

弘誓深如海 歷劫不思議
홍 서 심 여 해　역 겁 부 사 의

侍多千億佛 發大淸淨願
시 다 천 억 불　발 대 청 정 원

我爲汝略說 聞名及見身
아 위 여 약 설　문 명 급 견 신

끝없이 보살행을 실천하는 무진의 보살이여, 관세음보살은 이와 같은 자유자재한 신통력이 있어 사바세계에서 중생의 인연에 맞는 몸을 나토서 중생들을 제도하느니라.

그때 무진의 보살이 게송으로 물었다.

오롯하신 부처님께 제가 이제 묻사오니
관음보살 명호 가진 그 까닭이 무엇인지?

온갖 상호 잘 갖추어 원만하신 세존께서
무진의 보살에게 게송으로 답하시네.

그대 이제 잘 들어라, 관음보살 가피 주는
바다 같은 큰 서원은 깊고 깊은 불가사의
천억 부처 따라다녀 이 원력을 세웠노라.

내가 이제 그대에게 간략하게 설하리니
관음보살 이름 듣고 그의 몸을 보았다면

心念不空過　能滅諸有苦
심 념 불 공 과　능 멸 제 유 고

假使興害意　推落大火坑
가 사 흥 해 의　추 락 대 화 갱

念彼觀音力　火坑變成池
염 피 관 음 력　화 갱 변 성 지

或漂流巨海　龍魚諸鬼難
혹 표 류 거 해　용 어 제 귀 난

念彼觀音力　波浪不能沒
염 피 관 음 력　파 랑 불 능 몰

或在須彌峯　爲人所推墮
혹 재 수 미 봉　위 인 소 추 타

念彼觀音力　如日虛空住
염 피 관 음 력　여 일 허 공 주

或被惡人逐　墮落金剛山
혹 피 악 인 축　타 락 금 강 산

念彼觀音力　不能損一毛
염 피 관 음 력　불 능 손 일 모

或值怨賊繞　各執刀加害
혹 치 원 적 요　각 집 도 가 해

念彼觀音力　咸卽起慈心
염 피 관 음 력　함 즉 기 자 심

94

마음속의 모든 생각 빠짐없이 이루어져
모든 세상 괴로움을 없앨 수가 있느니라.

어떤 이가 해치려고 불속으로 밀더라도
관음보살 염불하면 그 불속이 연못 되고

큰 바다에 던지어져 큰 파도가 치더라도
관음보살 염불하면 거친 파도 사라지며

높고 높은 봉우리서 미끄러져 추락할 때
관음보살 염불하면 허공 속에 떠 있으리.

나쁜 사람 쫓아옴에 벼랑 끝에 떨어져도
관음보살 염불하면 털끝 하나 안 다치고

도적들이 둘러싸고 칼을 들어 해치다가
관음보살 염불하면 자비심을 일으키며

或遭王難苦　臨刑欲壽終
혹 조 왕 난 고　임 형 욕 수 종

念彼觀音力　刀尋段段壞
염 피 관 음 력　도 심 단 단 괴

或囚禁枷鎖　手足被杻械
혹 수 금 가 쇄　수 족 피 추 계

念彼觀音力　釋然得解脫
염 피 관 음 력　석 연 득 해 탈

呪詛諸毒藥　所欲害身者
주 저 제 독 약　소 욕 해 신 자

念彼觀音力　還著於本人
염 피 관 음 력　환 착 어 본 인

或遇惡羅刹　毒龍諸鬼等
혹 우 악 나 찰　독 룡 제 귀 등

念彼觀音力　時悉不敢害
염 피 관 음 력　시 실 불 감 해

若惡獸圍繞　利牙爪可怖
약 악 수 위 요　이 아 조 가 포

念彼觀音力　疾走無邊方
염 피 관 음 력　질 주 무 변 방

나라 법을 어기어서 교수형을 당할 때도
관음보살 염불하면 벼린 칼날 무뎌지리.

감옥 속의 죄수로서 꽁꽁 묶여 있더라도
관음보살 염불하면 절로절로 석방되고

독약으로 저주하며 남 죽이려 하는 사람
관음보살 염불하면 그 반대로 피해 보며

독룡이나 악한 나찰 나쁜 귀신 모든 것들
관음보살 염불하면 해치지를 못하리라.

날카로운 이와 발톱 공격하던 짐승들도
관음보살 염불하면 먼 곳으로 도망가고

蚖蛇及蝮蠍　氣毒烟火燃
원 사 급 복 갈　기 독 연 화 연

念彼觀音力　尋聲自迴去
염 피 관 음 력　심 성 자 회 거

雲雷鼓掣電　降雹澍大雨
운 뢰 고 체 전　강 박 주 대 우

念彼觀音力　應時得消散
염 피 관 음 력　응 시 득 소 산

衆生被困厄　無量苦逼身
중 생 피 곤 액　무 량 고 핍 신

觀音妙智力　能救世間苦
관 음 묘 지 력　능 구 세 간 고

具足神通力　廣修諸方便
구 족 신 통 력　광 수 제 방 편

十方諸國土　無刹不現身
시 방 제 국 토　무 찰 불 현 신

種種諸惡趣　地獄鬼畜生
종 종 제 악 취　지 옥 귀 축 생

生老病死苦　以漸悉令滅
생 로 병 사 고　이 점 실 령 멸

살무사와 전갈 독기 제아무리 사나워도
관음보살 염불하면 소리 듣고 피해 가며

천둥 번개 우박 폭우 사정없이 몰아쳐도
관음보살 염불하면 그 즉시로 사라지고

고난받는 중생들이 하염없이 괴로워도
관음보살 염불하면 그 고통이 없어지리.

신통력을 다 갖추고 지혜 방편 온전하니
시방세계 모든 국토 어디에든 나타나고

가지가지 나쁜 갈래 지옥 아귀 축생들의
생로병사 온갖 고통 점차 모두 제거하며

眞觀淸淨觀　廣大智慧觀
진 관 청 정 관　광 대 지 혜 관

悲觀及慈觀　常願常瞻仰
비 관 급 자 관　상 원 상 첨 앙

無垢淸淨光　慧日破諸闇
무 구 청 정 광　혜 일 파 제 암

能伏災風火　普明照世間
능 복 재 풍 화　보 명 조 세 간

悲體戒雷震　慈意妙大雲
비 체 계 뢰 진　자 의 묘 대 운

澍甘露法雨　滅除煩惱燄
주 감 로 법 우　멸 제 번 뇌 염

諍訟經官處　怖畏軍陣中
쟁 송 경 관 처　포 외 군 진 중

念彼觀音力　衆怨悉退散
염 피 관 음 력　중 원 실 퇴 산

妙音觀世音　梵音海潮音　勝彼世間
묘 음 관 세 음　범 음 해 조 음　승 피 세 간

音　是故須常念　念念勿生疑
음　시 고 수 상 념　염 념 물 생 의

100

진실하고 깨끗하고 크고 넓은 지혜 가져
자비로써 원력 펼쳐 모든 중생 제도하리.

티도 없이 맑은 태양 어둠 깨는 지혜 광명
풍재 화재 굴복시켜 모든 세상 보살피고

큰 자비를 바탕으로 엄정 계율 천둥 같고
인자하신 마음들은 크고 넓은 구름 같아
감로 법문 소낙비로 번뇌 불꽃 잠재우네.

심한 다툼 있는 곳과 전쟁터의 죽음 공포
관음보살 염불하면 모든 재난 사라지리.

오묘 미묘 신통방통 세간 소리 모두 듣고
맑고 맑은 하늘 소리 때맞추어 구원 주는
관세음의 염불 소리 세간에서 뛰어나니
이 때문에 모름지기 잊지 말고 염불하되
관세음의 위엄 신통 한 점 의혹 갖지말라.

觀世音淨聖 於苦惱死厄
관세음정성 어고뇌사액

能爲作依怙 具一切功德 慈眼示衆
능위작의호 구일체공덕 자안시중

生 福聚海無量 是故應頂禮
생 복취해무량 시고응정례

爾時 持地菩薩 卽從座起 前白佛言
이시 지지보살 즉종좌기 전백불언

世尊 若有衆生 聞是觀世音菩薩品
세존 약유중생 문시관세음보살품

自在之業 普門示現 神通力者 當知
자재지업 보문시현 신통력자 당지

是人 功德不少 佛說 是普門品時 衆
시인 공덕불소 불설 시보문품시 중

中八萬四千衆生 皆發無等等 阿耨
중팔만사천중생 개발무등등 아뇩

多羅三藐三菩提心
다라삼먁삼보리심

관세음의 깨끗하고 맑고 맑은 성스러움
괴로움과 액운 속에 능히 믿고 의지할 바
모든 공덕 다 갖추어 자비로써 중생 보니
그 복덕이 많고 많아 보살님께 절을 하네.

그때 온갖 공덕을 품고 사는 보살이
자리에서 일어나 부처님 앞에 나아가 사뢰었다.

"세존이시여, 어떤 중생이 있어 관세음보살의 자
유자재하신 위엄과 중생의 형편에 두루 맞추어 보
여주는 신통력을 들은 사람이 있다면, 이 사람의
공덕은 적지 않아 참으로 크다는 것을 알아야 합
니다."

부처님께서 이 '관세음보살 보문품'을 설하실 때
대중 가운데 있던 팔만사천 중생들이 모두 '비할
데 없이 높고 바른 깨달음'인 '아뇩다라삼먁삼보
리심'을 함께 일으켰다.

爾時 無盡意菩薩 卽從座起
이시 무진의보살 즉종좌기

偏袒右肩 合掌向佛 而作是言
편단우견 합장향불 이작시언

世尊 觀世音菩薩 以何因緣
세존 관세음보살 이하인연

名觀世音 佛告 無盡意菩薩
명관세음 불고 무진의보살

善男子 若有無量百千萬億衆生
선남자 약유무량백천만억중생

受諸苦惱 聞是觀世音菩薩
수제고뇌 문시관세음보살

一心稱名 觀世音菩薩
일심칭명 관세음보살

卽時 觀其音聲 皆得解脫
즉시 관기음성 개득해탈

관세음보살 보문품

세 번째 사경

그때 무진의 보살이 자리에서 일어나
정중하게 예의를 갖추고 부처님께 합장하며

"세존이시여, 관세음보살은 무슨 인연으로 '관세
음보살'이라 부릅니까?"라고 여쭈었다.

부처님께서 무진의 보살에게 말씀하셨다.

선남자여, 헤아릴 수 없이 많은 백천만억 중생들
이 어떤 고통 속에 빠져 있을 때 관세음보살의 명
호를 지극정성으로 부른다면, 관세음보살이 곧 그
음성을 듣고 보아 가피를 주시므로 중생들은 모두
온갖 고통에서 벗어나 해탈하게 될 것이다.

若有持是觀世音菩薩名者　設入大
약 유 지 시 관 세 음 보 살 명 자　설 입 대

火　火不能燒　由是菩薩　威神力故
화　화 불 능 소　유 시 보 살　위 신 력 고

若爲大水所漂　稱其名號　卽得淺處
약 위 대 수 소 표　칭 기 명 호　즉 득 천 처

若有百千萬億衆生　爲求金銀　瑠璃
약 유 백 천 만 억 중 생　위 구 금 은　유 리

硨磲　瑪瑙珊瑚　琥珀眞珠等寶　入於
자 거　마 노 산 호　호 박 진 주 등 보　입 어

大海　假使黑風　吹其船舫　飄墮羅刹
대 해　가 사 흑 풍　취 기 선 방　표 타 나 찰

鬼國　其中若有　乃至一人　稱觀世音
귀 국　기 중 약 유　내 지 일 인　칭 관 세 음

菩薩名者　是諸人等　皆得解脫　羅刹
보 살 명 자　시 제 인 등　개 득 해 탈　나 찰

之難　以是因緣　名觀世音
지 난　이 시 인 연　명 관 세 음

관세음보살의 명호를 지니고 사는 사람들은 큰불 속으로 들어가더라도 불이 태울 수 없을 것이니, 이는 관세음보살이 가진 위엄과 신통력의 가피를 입기 때문이다.

큰물에 떠내려가더라도 관세음보살의 명호를 부른다면 곧 얕은 곳에 닿아 귀한 생명을 구할 수 있을 것이다.

백천만억 중생들이 금, 은, 유리, 자거, 마노, 산호, 호박, 진주 같은 보배들을 구하려고 큰 바다에 들어갔다가 폭풍에 힘싸여서 사람들을 잡아먹는 귀신들의 나라로 표류할 때, 그 가운데 한 사람이라도 관세음보살의 명호를 부르는 사람이 있다면, 귀신에게 잡혀 당할 온갖 고난에서 모든 사람이 다 벗어날 것이니, 이런 인연으로 관세음보살이라고 부르는 것이다.

若復有人　臨當被害
약 부 유 인　임 당 피 해

稱觀世音菩薩名者
칭 관 세 음 보 살 명 자

彼所執刀杖　尋段段壞　而得解脫
피 소 집 도 장　심 단 단 괴　이 득 해 탈

若三千大千國土滿中　夜叉羅刹
약 삼 천 대 천 국 토 만 중　야 차 나 찰

欲來惱人　　聞其稱觀世音菩薩名者
욕 래 뇌 인　　문 기 칭 관 세 음 보 살 명 자

是諸惡鬼　尙不能　以惡眼視之
시 제 악 귀　상 불 능　이 악 안 시 지

況復加害
황 부 가 해

設復有人　若有罪　若無罪　杻械枷鎖
설 부 유 인　약 유 죄　약 무 죄　추 계 가 쇄

檢繫其身　稱觀世音菩薩名者
검 계 기 신　칭 관 세 음 보 살 명 자

皆悉斷壞　卽得解脫
개 실 단 괴　즉 득 해 탈

108

어떤 사람이 창과 칼에 찔리게 되었을 때, 관세음보살의 명호를 지극정성으로 부른다면, 상대방의 창과 칼은 산산이 부서져 그 고난에서 벗어나게 될 것이다.

삼천대천세계에 가득한 사나운 야차와 시꺼먼 나찰이 어떤 사람들을 잡아먹으려고 하다가 지극정성으로 부르는 관세음보살의 명호를 들으면, 야차와 나찰의 흉악한 눈으로도 이들을 볼 수 없는데 하물며 어떻게 해를 입힐 수가 있겠느냐?

설사 죄가 있든 없든 어떤 사람이 수갑과 쇠사슬에 묶여 있을 때, 관세음보살의 명호를 지극정성으로 부른다면, 수갑과 쇠사슬이 모두 끊어지고 풀어져서 그 고통에서 벗어나게 될 것이다.

若三千大千國土 滿中怨賊
약 삼 천 대 천 국 토 만 중 원 적

有一商主 將諸商人 齎持重寶
유 일 상 주 장 제 상 인 재 지 중 보

經過險路 其中一人 作是唱言
경 과 험 로 기 중 일 인 작 시 창 언

諸善男子 勿得恐怖 汝等 應當一心
제 선 남 자 물 득 공 포 여 등 응 당 일 심

稱觀世音 菩薩名號 是菩薩 能以無
칭 관 세 음 보 살 명 호 시 보 살 능 이 무

畏 施於衆生 汝等 若稱名者 於此怨
외 시 어 중 생 여 등 약 칭 명 자 어 차 원

賊 當得解脫
적 당 득 해 탈

衆商人聞 俱發聲言 南無觀世音菩
중 상 인 문 구 발 성 언 나 무 관 세 음 보

薩 稱其名故 即得解脫
살 칭 기 명 고 즉 득 해 탈

110

삼천대천세계에 도둑이 가득 차 있을 때 상인들이 귀한 보물을 가지고 험난한 길을 지나갈 적 그 가운데 한 사람이라도

"선남자들이여, 두려워 말라. 그대들이 지극정성으로 관세음보살의 명호를 부른다면, 관세음보살은 그대들의 공포심을 없애 줄 것이다. 그대들이 관세음보살의 명호를 부른다면, 원수와도 같은 도적들의 손아귀에서 모두 무사하게 벗어나게 될 것이다."라고 말하고

상인들이 그 소리를 듣고 모두 함께 지극정성으로 '나무 관세음보살'을 소리 내어 부른다면 곧 도적들의 손아귀에서 탈 없이 벗어나 모든 두려움을 극복하게 될 것이다.

無盡意 觀世音菩薩摩訶薩
무진의 관세음보살마하살

威神之力 巍巍如是
위신지력 외외여시

若有衆生 多於婬欲
약유중생 다어음욕

常念恭敬 觀世音菩薩 便得離欲
상념공경 관세음보살 변득이욕

若多瞋恚
약다진에

常念恭敬 觀世音菩薩 便得離瞋
상념공경 관세음보살 변득이진

若多愚癡
약다우치

常念恭敬 觀世音菩薩 便得離癡
상념공경 관세음보살 변득이치

끝없이 보살행을 실천하는 무진의 보살이여, 관세음보살의 위엄과 신통력은 이와 같이 크고 위대하느니라.

어떤 중생이 음욕에 깊이 빠져 괴롭더라도, 지극정성으로 늘 관세음보살을 생각하고 공경하면, 바로 음욕의 고통에서 벗어나게 될 것이다.

어떤 중생이 자신도 모르게 성을 많이 내어 괴롭더라도, 지극정성으로 언제나 관세음보살을 생각하고 공경하면, 바로 성냄의 고통에서 벗어나게 될 것이다.

어떤 중생이 어리석음에 깊이 빠져 괴롭더라도, 지극정성으로 끊임없이 관세음보살을 생각하고 공경하면, 바로 어리석음의 고통에서 벗어나게 될 것이다.

無盡意 觀世音菩薩
무진의 관세음보살

有如是等 大威神力 多所饒益
유여시등 대위신력 다소요익

是故衆生 常應心念
시고중생 상응심념

若有女人 設欲求男 禮拜供養
약유여인 설욕구남 예배공양

觀世音菩薩 便生福德智慧之男
관세음보살 변생복덕지혜지남

設欲求女 便生端正 有相之女
설욕구녀 변생단정 유상지녀

宿植德本 衆人愛敬
숙식덕본 중인애경

끝없이 보살행을 실천하는 무진의 보살이여, 이와 같은 큰 위엄과 신통력이 관세음보살에게 있으므로 중생에게 이익될 것이 많으니 중생들은 지극정성으로 항상 관세음보살을 생각해야 하느니라.

어떤 여인이 있어 아들을 얻고자 관세음보살님께 예배하고 공양한다면, 바로 복덕과 지혜가 넘치는 아들을 낳을 것이다.

혹 딸을 낳고자 원한다면 바로 단정한 모습을 지닌 여아를 낳을 것이며 이 여아는 전생에 공덕을 심어 놓은 아이이니 모든 사람이 좋아하고 공경하게 될 것이다.

無盡意 觀世音菩薩 有如是力
무 진 의 　 관 세 음 보 살 　 유 여 시 력

若有衆生 恭敬禮拜 觀世音菩薩
약 유 중 생 　 공 경 예 배 　 관 세 음 보 살

福不唐捐
복 불 당 연

是故衆生
시 고 중 생

皆應受持 觀世音菩薩名號
개 응 수 지 　 관 세 음 보 살 명 호

無盡意 若有人受持 六十二億恒河
무 진 의 　 약 유 인 수 지 　 육 십 이 억 항 하

沙 菩薩名字 復盡形供養 飮食衣服
사 　 보 살 명 자 　 부 진 형 공 양 　 음 식 의 복

臥具醫藥 於汝意云何
와 구 의 약 　 어 여 의 운 하

是善男子 善女人 功德多不
시 선 남 자 　 선 여 인 　 공 덕 다 부

116

끝없이 보살행을 실천하는 무진의 보살이여, 관세음보살은 이와 같은 힘이 있으므로 중생들이 관세음보살을 공경하고 예배를 올린다면, 그 복은 헛되지 않을 것이니라.

이 때문에 중생들은 모두 관세음보살의 명호를 받아 지녀야 한다.

끝없이 보살행을 실천하는 무진의 보살이여, 어떤 사람이 있어 육십이억 갠지스강 모래알만큼 많은 보살의 명호를 받아 지니고 다시 그 몸이 다하여 죽는 날까지 맛있는 음식, 아름다운 의복, 편안한 침구, 좋은 의약품들을 공양한다면 그대는 어떻게 생각하느냐? 이 선남자 선여인이 지어 놓은 공덕이 많겠느냐?

無盡意言 甚多 世尊
무 진 의 언 심 다 세 존

佛言 若復有人 受持觀世音菩薩名
불 언 약 부 유 인 수 지 관 세 음 보 살 명

號 乃至一時 禮拜供養 是二人福
호 내 지 일 시 예 배 공 양 시 이 인 복

正等無異 於百千萬億劫 不可窮盡
정 등 무 이 어 백 천 만 억 겁 불 가 궁 진

無盡意 受持觀世音菩薩名號
무 진 의 수 지 관 세 음 보 살 명 호

得如是 無量無邊 福德之利
득 여 시 무 량 무 변 복 덕 지 리

無盡意菩薩 白佛言 世尊 觀世音菩
무 진 의 보 살 백 불 언 세 존 관 세 음 보

薩 云何遊此 娑婆世界 云何而爲 衆
살 운 하 유 차 사 바 세 계 운 하 이 위 중

生說法 方便之力 其事云何
생 설 법 방 편 지 력 기 사 운 하

끝없이 보살행을 실천하는 무진의 보살은
"참으로 많습니다, 세존이시여."라고 답하였다.

부처님께서는 말씀하셨다.

어떤 사람이 있어 관세음보살의 명호를 받아 지
녀 잠시라도 예배하고 공양하면 이 두 사람이 지
어 놓은 복덕은 같고 차이가 없어서 백천만억겁이
지나더라도 다 쓸 수가 없다.

끝없이 보살행을 실천하는 무진의 보살이여, 관세
음보살의 명호를 받아 지닌다면 이와 같은 헤아릴
수 없이 많은 복덕을 얻게 될 것이니라.

무진의 보살이 부처님께 사뢰었다.
"세존이시여, 관세음보살님은 어떻게 이 사바세
계에 모습을 드러내시고 중생들을 위하여 어떻게
설법하시며 방편으로 드러나는 신통력은 어떤 것
이 있습니까?"

佛告 無盡意菩薩 善男子
불 고　무 진 의 보 살　선 남 자

若有國土衆生 應以佛身 得度者
약 유 국 토 중 생　응 이 불 신　득 도 자

觀世音菩薩 卽現佛身 而爲說法
관 세 음 보 살　즉 현 불 신　이 위 설 법

應以辟支佛身 得度者
응 이 벽 지 불 신　득 도 자

卽現辟支佛身 而爲說法
즉 현 벽 지 불 신　이 위 설 법

應以聲聞身 得度者
응 이 성 문 신　득 도 자

卽現聲聞身 而爲說法
즉 현 성 문 신　이 위 설 법

應以梵王身 得度者
응 이 범 왕 신　득 도 자

卽現梵王身 而爲說法
즉 현 범 왕 신　이 위 설 법

부처님께서 무진의 보살에게 말씀하셨다.

선남자여, 만약 어떤 중생들이 있어 부처님의 몸으로 제도할 사람들에게는, 관세음보살이 곧 부처님의 몸을 나토서 법을 설할 것이니라.

벽지불의 몸으로 제도할 사람들에게는, 관세음보살이 곧 벽지불의 몸을 나토서 법을 설할 것이니라.

성문의 몸으로 제도할 사람들에게는, 관세음보살이 곧 성문의 몸을 나토서 법을 설할 것이니라.

범천왕의 몸으로 제도할 사람들에게는, 관세음보살이 곧 범천왕의 몸을 나토서 법을 설할 것이니라.

應以帝釋身 得度者
응 이 제 석 신 득 도 자

即現帝釋身 而爲說法
즉 현 제 석 신 이 위 설 법

應以自在天身 得度者
응 이 자 재 천 신 득 도 자

即現自在天身 而爲說法
즉 현 자 재 천 신 이 위 설 법

應以大自在天身 得度者
응 이 대 자 재 천 신 득 도 자

即現大自在天身 而爲說法
즉 현 대 자 재 천 신 이 위 설 법

應以天大將軍身 得度者
응 이 천 대 장 군 신 득 도 자

即現天大將軍身 而爲說法
즉 현 천 대 장 군 신 이 위 설 법

應以毗沙門身 得度者
응 이 비 사 문 신 득 도 자

即現毗沙門身 而爲說法
즉 현 비 사 문 신 이 위 설 법

제석천왕의 몸으로 제도할 사람들에게는, 관세음보살이 곧 제석천왕의 몸을 나토서 법을 설할 것이니라.

자유자재한 천왕의 몸으로 제도할 사람들에게는, 관세음보살이 곧 자유자재한 천왕의 몸을 나토서 법을 설할 것이니라.

걸림 없이 자유자재한 천왕의 몸으로 제도할 사람들에게는, 관세음보살이 곧 걸림 없이 자유자재한 천왕의 몸을 나토서 법을 설할 것이니라.

하늘에 있는 대장군 몸으로 제도할 사람들에게는, 관세음보살이 곧 하늘에 있는 대장군의 몸으로 나토서 법을 설할 것이니라.

불법을 옹호하는 천왕의 몸으로 제도할 사람들에게는, 관세음보살이 곧 불법을 옹호하는 천왕의 몸을 나토서 법을 설할 것이니라.

應以小王身 得度者
응 이 소 왕 신 득 도 자

卽現小王身 而爲說法
즉 현 소 왕 신 이 위 설 법

應以長者身 得度者
응 이 장 자 신 득 도 자

卽現長者身 而爲說法
즉 현 장 자 신 이 위 설 법

應以居士身 得度者
응 이 거 사 신 득 도 자

卽現居士身 而爲說法
즉 현 거 사 신 이 위 설 법

應以宰官身 得度者
응 이 재 관 신 득 도 자

卽現宰官身 而爲說法
즉 현 재 관 신 이 위 설 법

應以婆羅門身 得度者
응 이 바 라 문 신 득 도 자

卽現婆羅門身 而爲說法
즉 현 바 라 문 신 이 위 설 법

작은 나라의 왕이라는 신분으로 제도할 사람들에게는, 관세음보살이 곧 작은 나라의 왕이라는 신분을 나토서 법을 설할 것이니라.

장자의 몸으로 제도할 사람들에게는, 관세음보살이 곧 장자의 몸을 나토서 법을 설할 것이니라.

거사의 몸으로 제도할 사람들에게는, 관세음보살이 곧 거사의 몸을 나토서 법을 설할 것이니라.

재상의 몸으로 제도할 사람들에게는, 관세음보살이 곧 재상의 몸을 나토서 법을 설할 것이니라.

바라문의 몸으로 제도할 사람들에게는, 관세음보살이 곧 바라문의 몸을 나토서 법을 설할 것이니라.

應以比丘比丘尼　優婆塞優婆夷身
응 이 비 구 비 구 니　우 바 새 우 바 이 신

得度者 卽現比丘比丘尼　優婆塞
득 도 자　즉 현 비 구 비 구 니　우 바 새

優婆夷身　而爲說法
우 바 이 신　이 위 설 법

應以長者 居士宰官　婆羅門 婦女身
응 이 장 자　거 사 재 관　바 라 문　부 녀 신

得度者卽現婦女身　而爲說法
득 도 자 즉 현 부 녀 신　이 위 설 법

應以童男童女身　得度者
응 이 동 남 동 녀 신　득 도 자

卽現童男童女身　而爲說法
즉 현 동 남 동 녀 신　이 위 설 법

應以天龍 夜叉 乾闥婆 阿修羅 迦樓
응 이 천 룡　야 차　건 달 바　아 수 라　가 루

羅 緊那羅 摩睺羅伽 人非人等身 得
라　긴 나 라　마 후 라 가　인 비 인 등 신　득

度者 卽皆現之　而爲說法
도 자　즉 개 현 지　이 위 설 법

비구, 비구니, 우바새, 우바이의 몸으로 제도할 사람들에게는, 관세음보살이 곧 이들의 몸을 나토서 법을 설할 것이니라.

장자, 거사, 재상, 바라문의 아내 몸으로 제도할 사람들에게는, 관세음보살이 곧 이들 아내의 몸을 나토서 법을 설할 것이니라.

소년, 소녀의 몸으로 제도할 사람들에게는, 관세음보살이 곧 소년, 소녀의 몸을 나토서 법을 설할 것이니라.

하늘의 신, 용, 야차, 건달바, 아수라, 가루라, 긴나라, 마후라가, 사람인 듯 아닌 듯한 중생의 몸으로 제도할 사람들에게는, 관세음보살이 곧 이들의 몸을 나토서 법을 설할 것이니라.

應以執金剛神 得度者
응 이 집 금 강 신　득 도 자

卽現執金剛神 而爲說法
즉 현 집 금 강 신　이 위 설 법

無盡意 是觀世音菩薩 成就 如是功
무 진 의　시 관 세 음 보 살　성 취　여 시 공

德 以種種形 遊諸國土 度脫衆生
덕　이 종 종 형　유 제 국 토　도 탈 중 생

是故
시 고

汝等應當 一心供養 觀世音菩薩
여 등 응 당　일 심 공 양　관 세 음 보 살

是觀世音菩薩摩訶薩　於怖畏急難
시 관 세 음 보 살 마 하 살　어 포 외 급 난

之中 能施無畏 是故
지 중　능 시 무 외　시 고

此娑婆世界 皆號之爲 施無畏者
차 사 바 세 계　개 호 지 위　시 무 외 자

금강역사로 제도할 사람들에게는, 관세음보살이 곧 금강역사로 몸을 나토서 법을 설할 것이니라.

끝없이 보살행을 실천하는 무진의 보살이여, 관세음보살은 이와 같은 공덕을 성취하여 온갖 형상으로 온갖 곳에 모습을 나토서 모든 중생을 제도할 것이니라.

이런 까닭에 그대들은 지극정성으로 관세음보살을 공양해야만 한다.

관세음보살은 공포와 두려움 속에 있는 위급한 중생들에게 조금도 두려움이 없는 편안함을 주니, 이 사바세계 사람들은 모두 관세음보살을 '중생의 마음에 두려움이 없게 해주시는 분'이라고 하느니라.

無盡意菩薩 白佛言
무 진 의 보 살 백 불 언

世尊 我 今當供養 觀世音菩薩
세 존 아 금 당 공 양 관 세 음 보 살

卽解頸眾寶珠瓔珞　價值百千兩金
즉 해 경 중 보 주 영 락 　 가 치 백 천 냥 금

而以與之作是言
이 이 여 지 작 시 언

仁者 受此法施 珍寶瓔珞
인 자 수 차 법 시 진 보 영 락

時觀世音菩薩 不肯受之
시 관 세 음 보 살 불 긍 수 지

無盡意 復白觀世音菩薩言
무 진 의 부 백 관 세 음 보 살 언

仁者 愍我等故 受此瓔珞
인 자 민 아 등 고 수 차 영 락

130

무진의 보살은 부처님께 사뢰었다.

"세존이시여, 제가 이제 관세음보살님께 공양을
올리겠습니다."

그리고는 곧 값비싼 보배 구슬 목걸이를
관세음보살님께 바치면서 말하였다.

"어진 분이시여, 법의 가르침을 받고 공양하는
진귀한 보배 구슬 목걸이를 거두어주시옵소서."

이때 관세음보살이 가만히 있자 무진의 보살이 다
시 관세음보살님께 사뢰었다.

"어진 분이시여, 저희 모두 애틋하게 보살펴 주시
는 은혜 때문이니 부디 진귀한 보배 구슬 목걸이
를 거두어 주시옵소서."

爾時 佛告 觀世音菩薩
이 시 불 고 관 세 음 보 살

當愍 此無盡意菩薩 及四衆 天龍夜
당 민 차 무 진 의 보 살 급 사 중 천 룡 야

叉 乾闥婆 阿修羅 迦樓羅 緊那羅
차 건 달 바 아 수 라 가 루 라 긴 나 라

摩睺羅伽 人非人等 故受是瓔珞
마 후 라 가 인 비 인 등 고 수 시 영 락

卽時觀世音菩薩 愍諸四衆 及於天
즉 시 관 세 음 보 살 민 제 사 중 급 어 천

龍 人非人等 受其瓔珞 分作二分 一
룡 인 비 인 등 수 기 영 락 분 작 이 분 일

分 奉釋迦牟尼佛 一分 奉多寶佛塔
분 봉 석 가 모 니 불 일 분 봉 다 보 불 탑

이때 부처님께서 관세음보살에게 말씀하셨다.

"무진의 보살과 사부대중, 하늘의 신, 용, 야차, 건달바, 아수라, 가루라, 긴나라, 마후라가, 사람인 듯 아닌 듯한 반인반수半人半獸 이 모든 중생을 애틋하게 보살펴 준 은혜 때문이니 이 진귀한 보배 구슬 목걸이를 받아 주시지요."

관세음보살은 사부대중, 하늘의 신, 용, 사람인 듯 아닌 듯한 반인반수 이 모든 중생을 애틋하게 여기고 있었으므로 그 보배 구슬을 받아 두 몫으로 나누었다. 그리고 한 몫은 석가모니 부처님께 공양을 올리고 또 한 몫은 온갖 보배로운 부처님 탑 앞에 공양을 올렸다.

無盡意 觀世音菩薩
무 진 의　관 세 음 보 살

有如是自在神力　遊於娑婆世界
유 여 시 자 재 신 력　유 어 사 바 세 계

爾時　無盡意菩薩　以偈問曰
이 시　무 진 의 보 살　이 게 문 왈

世尊妙相具　我今重問彼
세 존 묘 상 구　아 금 중 문 피

佛子何因緣　名爲觀世音
불 자 하 인 연　명 위 관 세 음

具足妙相尊　偈答無盡意
구 족 묘 상 존　게 답 무 진 의

汝聽觀音行　善應諸方所
여 청 관 음 행　선 응 제 방 소

弘誓深如海　歷劫不思議
홍 서 심 여 해　역 겁 부 사 의

侍多千億佛　發大淸淨願
시 다 천 억 불　발 대 청 정 원

我爲汝略說　聞名及見身
아 위 여 약 설　문 명 급 견 신

끝없이 보살행을 실천하는 무진의 보살이여, 관세음보살은 이와 같은 자유자재한 신통력이 있어 사바세계에서 중생의 인연에 맞는 몸을 나토서 중생들을 제도하느니라.

그때 무진의 보살이 게송으로 물었다.

오롯하신 부처님께 제가 이제 묻사오니
관음보살 명호 가진 그 까닭이 무엇인지?

온갖 상호 잘 갖추어 원만하신 세존께서
무진의 보살에게 게송으로 답하시네.

그대 이제 잘 들어라, 관음보살 가피 주는
바다 같은 큰 서원은 깊고 깊은 불가사의
천억 부처 따라다녀 이 원력을 세웠노라.

내가 이제 그대에게 간략하게 설하리니
관음보살 이름 듣고 그의 몸을 보았다면

心念不空過　能滅諸有苦
심 념 불 공 과　능 멸 제 유 고

假使興害意　推落大火坑
가 사 흥 해 의　추 락 대 화 갱

念彼觀音力　火坑變成池
염 피 관 음 력　화 갱 변 성 지

或漂流巨海　龍魚諸鬼難
혹 표 류 거 해　용 어 제 귀 난

念彼觀音力　波浪不能沒
염 피 관 음 력　파 랑 불 능 몰

或在須彌峯　爲人所推墮
혹 재 수 미 봉　위 인 소 추 타

念彼觀音力　如日虛空住
염 피 관 음 력　여 일 허 공 주

或被惡人逐　墮落金剛山
혹 피 악 인 축　타 락 금 강 산

念彼觀音力　不能損一毛
염 피 관 음 력　불 능 손 일 모

或值怨賊繞　各執刀加害
혹 치 원 적 요　각 집 도 가 해

念彼觀音力　咸卽起慈心
염 피 관 음 력　함 즉 기 자 심

마음속의 모든 생각 빠짐없이 이루어져
모든 세상 괴로움을 없앨 수가 있느니라.

어떤 이가 해치려고 불속으로 밀더라도
관음보살 염불하면 그 불속이 연못 되고

큰 바다에 던지어져 큰 파도가 치더라도
관음보살 염불하면 거친 파도 사라지며

높고 높은 봉우리서 미끄러져 추락할 때
관음보살 염불하면 허공 속에 떠 있으리.

나쁜 사람 쫓아옴에 벼랑 끝에 떨어져도
관음보살 염불하면 털끝 하나 안 다치고

도적들이 둘러싸고 칼을 들어 해치다가
관음보살 염불하면 자비심을 일으키며

或遭王難苦　臨刑欲壽終
혹 조 왕 난 고　임 형 욕 수 종

念彼觀音力　刀尋段段壞
염 피 관 음 력　도 심 단 단 괴

或囚禁枷鎖　手足被杻械
혹 수 금 가 쇄　수 족 피 추 계

念彼觀音力　釋然得解脫
염 피 관 음 력　석 연 득 해 탈

呪詛諸毒藥　所欲害身者
주 저 제 독 약　소 욕 해 신 자

念彼觀音力　還著於本人
염 피 관 음 력　환 착 어 본 인

或遇惡羅刹　毒龍諸鬼等
혹 우 악 나 찰　독 룡 제 귀 등

念彼觀音力　時悉不敢害
염 피 관 음 력　시 실 불 감 해

若惡獸圍繞　利牙爪可怖
약 악 수 위 요　이 아 조 가 포

念彼觀音力　疾走無邊方
염 피 관 음 력　질 주 무 변 방

나라 법을 어기어서 교수형을 당할 때도
관음보살 염불하면 벼린 칼날 무더지리.

감옥 속의 죄수로서 꽁꽁 묶여 있더라도
관음보살 염불하면 절로절로 석방되고

독약으로 저주하며 남 죽이려 하는 사람
관음보살 염불하면 그 반대로 피해 보며

독룡이나 악한 나찰 나쁜 귀신 모든 것들
관음보살 염불하면 해치지를 못하리라.

날카로운 이와 발톱 공격하던 짐승들도
관음보살 염불하면 먼 곳으로 도망가고

蚖蛇及蝮蠍　氣毒烟火燃
원 사 급 복 갈　기 독 연 화 연

念彼觀音力　尋聲自迴去
염 피 관 음 력　심 성 자 회 거

雲雷鼓掣電　降雹澍大雨
운 뢰 고 체 전　강 박 주 대 우

念彼觀音力　應時得消散
염 피 관 음 력　응 시 득 소 산

衆生被困厄　無量苦逼身
중 생 피 곤 액　무 량 고 핍 신

觀音妙智力　能救世間苦
관 음 묘 지 력　능 구 세 간 고

具足神通力　廣修諸方便
구 족 신 통 력　광 수 제 방 편

十方諸國土　無剎不現身
시 방 제 국 도　무 찰 불 현 신

種種諸惡趣　地獄鬼畜生
종 종 제 악 취　지 옥 귀 축 생

生老病死苦　以漸悉令滅
생 로 병 사 고　이 점 실 령 멸

살무사와 전갈 독기 제아무리 사나워도
관음보살 염불하면 소리 듣고 피해 가며

천둥 번개 우박 폭우 사정없이 몰아쳐도
관음보살 염불하면 그 즉시로 사라지고

고난받는 중생들이 하염없이 괴로워도
관음보살 염불하면 그 고통이 없어지리.

신통력을 다 갖추고 지혜 방편 온전하니
시방세계 모든 국토 어디에든 나타나고

가지가지 나쁜 갈래 지옥 아귀 축생들의
생로병사 온갖 고통 점차 모두 제거하며

眞觀淸淨觀　廣大智慧觀
진 관 청 정 관　광 대 지 혜 관

悲觀及慈觀　常願常瞻仰
비 관 급 자 관　상 원 상 첨 앙

無垢淸淨光　慧日破諸闇
무 구 청 정 광　혜 일 파 제 암

能伏災風火　普明照世間
능 복 재 풍 화　보 명 조 세 간

悲體戒雷震　慈意妙大雲
비 체 계 뢰 진　자 의 묘 대 운

澍甘露法雨　滅除煩惱燄
주 감 로 법 우　멸 제 번 뇌 염

諍訟經官處　怖畏軍陣中
쟁 송 경 관 처　포 외 군 진 중

念彼觀音力　衆怨悉退散
염 피 관 음 력　중 원 실 퇴 산

妙音觀世音　梵音海潮音　勝彼世間
묘 음 관 세 음　범 음 해 조 음　승 피 세 간

音　是故須常念　念念勿生疑
음　시 고 수 상 념　염 념 물 생 의

진실하고 깨끗하고 크고 넓은 지혜 가져
자비로써 원력 펼쳐 모든 중생 제도하리.

티도 없이 맑은 태양 어둠 깨는 지혜 광명
풍재 화재 굴복시켜 모든 세상 보살피고

큰 자비를 바탕으로 엄정 계율 천둥 같고
인자하신 마음들은 크고 넓은 구름 같아
감로 법문 소낙비로 번뇌 불꽃 잠재우네.

심한 다툼 있는 곳과 전쟁터의 죽음 공포
관음보살 염불하면 모든 재난 사라지리.

오묘 미묘 신통방통 세간 소리 모두 듣고
맑고 맑은 하늘 소리 때맞추어 구원 주는
관세음의 염불 소리 세간에서 뛰어나니
이 때문에 모름지기 잊지 말고 염불하되
관세음의 위엄 신통 한 점 의혹 갖지말라.

觀世音淨聖　於苦惱死厄
관세음정성　어고뇌사액

能爲作依怙　具一切功德　慈眼示衆
능위작의호　구일체공덕　자안시중

生　福聚海無量　是故應頂禮
생　복취해무량　시고응정례

爾時　持地菩薩　卽從座起　前白佛言
이시　지지보살　즉종좌기　전백불언

世尊　若有衆生　聞是觀世音菩薩品
세존　약유중생　문시관세음보살품

自在之業　普門示現　神通力者　當知
자재지업　보문시현　신통력자　당지

是人　功德不少　佛說　是普門品時　衆
시인　공덕불소　불설　시보문품시　중

中八萬四千衆生　皆發無等等　阿耨
중팔만사천중생　개발무등등　아뇩

多羅三藐三菩提心
다라삼먁삼보리심

144

관세음의 깨끗하고 맑고 맑은 성스러움
괴로움과 액운 속에 능히 믿고 의지할 바
모든 공덕 다 갖추어 자비로써 중생 보니
그 복덕이 많고 많아 보살님께 절을 하네.

그때 온갖 공덕을 품고 사는 보살이
자리에서 일어나 부처님 앞에 나아가 사뢰었다.

"세존이시여, 어떤 중생이 있어 관세음보살의 자
유자재하신 위엄과 중생의 형편에 두루 맞추어 보
여주는 신통력을 들은 사람이 있다면, 이 사람의
공덕은 적지 않아 참으로 크다는 것을 알아야 합
니다."

부처님께서 이 '관세음보살 보문품'을 설하실 때
대중 가운데 있던 팔만사천 중생들이 모두 '비할
데 없이 높고 바른 깨달음'인 '아눗다라삼먁삼보
리심'을 함께 일으켰다.

반야심경

般若心經

세상의 실상을 앎으로써 중생의 모든
고통과 재앙을 없애는 가르침

摩訶般若波羅蜜多心經
마 하 반 야 바 라 밀 다 심 경

觀自在菩薩
관 자 재 보 살

行深般若波羅蜜多時
행 심 반 야 바 라 밀 다 시

照見五蘊皆空
조 견 오 온 개 공

度一切苦厄
도 일 체 고 액

舍利子 色不異空
사 리 자 색 불 이 공

空不異色
공 불 이 색

色卽是空 空卽是色
색 즉 시 공 공 즉 시 색

受想行識 亦復如是
수 상 행 식 역 부 여 시

반야심경

마하반야 바라밀다 행복으로 가는 지혜

모든 중생 보살피는 관-자재 보살님이
부처님의 세상으로 가는 지혜 빛이 날 때
실체 없는 몸과 마음 집착 없어 텅 빈 충만
그 자리서 중생 살이 온갖 고통 사라지네.

사리자여, 인연 모여 생겨나는 모든 색은
그 실체가 없으므로 '공'과 다를 것이 없고
텅 빈 '공'에 인연 모여 드러나는 '색'이므로
이 '공' 또한 그대로가 모든 '색'과 다름없네.

색 그대로 공이면서 공 그대로 색이어라
수상행식 온갖 마음 또한 이와 같느니라.

舍利子 是諸法空相
사 리 자　시 제 법 공 상

不生不滅　不垢不淨　不增不減
불 생 불 멸　불 구 부 정　부 증 불 감

是故　空中無色
시 고　　공 중 무 색

無受想行識
무 수 상 행 식

無眼耳鼻舌身意　無色聲香味觸法
무 안 이 비 설 신 의　무 색 성 향 미 촉 법

無眼界　乃至　無意識界
무 안 계　내 지　무 의 식 계

無無明　亦無無明盡
무 무 명　역 무 무 명 진

사리자여, 이와 같은 모든 법의 텅 빈 모습
이 '공' 자체 생기거나 없어질 것 아니므로
더럽구나 깨끗하다 집착할 것 아니면서
는다거나 준다거나 그런 것도 아니더라.

이 때문에 텅 빈 공에 어떤 색도 있지 않고
이 모습을 분별하는 마음조차 전혀 없다.

몸 없어서 눈 귀 코 혀 살도 뜻도 없어지고
색 맛 소리 냄새 느낌 분별되는 법도 없어
육근 육경 없으므로 알음알이 영역 없네.

알음알이 만들어 낸 무명 또한 없어지니
없는 '무명' 없앤다고 헛된 노력할 것 없고

乃至 無老死 亦無老死盡
내 지　무 노 사　역 무 노 사 진

無苦集滅道
무 고 집 멸 도

無智亦無得
무 지 역 무 득

以無所得故
이 무 소 득 고

菩提薩埵 依般若波羅蜜多故
보 리 살 타　의 반 야 바 라 밀 다 고

心無罣碍 無罣碍故 無有恐怖
심 무 가 애　무 가 애 고　무 유 공 포

遠離顚倒夢想 究竟涅槃
원 리 전 도 몽 상　구 경 열 반

三世諸佛 依般若波羅蜜多故
삼 세 제 불　의 반 야 바 라 밀 다 고

得阿耨多羅三藐三菩提
득 아 뇩 다 라 삼 먁 삼 보 리

152

무명으로 생겨나던 늙고 죽음 또한 없어
늙고 죽음 없앤다고 집착할 일 아니더라.

늙고 죽음 없기 때문, 생사 떠날 진리 없고
고집멸도 없으므로 알아야 할 지혜 없어
지혜 자체 없으므로 얻을 것도 없으리니
얻을 것도 없는 것은 깨칠 것이 없기 때문.

깨달음을 추구하고 중생제도 하는 보살
부처님의 세상으로 가는 빛에 의지하여
마음속에 걸림 없고 걸림 없이 살아감에
세상에서 꺼리거나 두려울 일 없으리니
허망하온 꿈과 같은 망념들을 멀리 떠나
마침내는 영원토록 행복한 삶 이루리라.

삼세 모든 부처님도 마하반야 의지하여
빠짐없이 한순간에 깨달음을 얻었으니

故知 般若波羅蜜多
고 지 반 야 바 라 밀 다

是大神呪
시 대 신 주

是大明呪
시 대 명 주

是無上呪 是無等等呪
시 무 상 주 시 무 등 등 주

能除一切苦 眞實不虛
능 제 일 체 고 진 실 불 허

故說般若波羅蜜多呪 卽說呪曰
고 설 반 야 바 라 밀 다 주 즉 설 주 왈

揭諦揭諦 波羅揭諦
아 제 아 제 바 라 아 제

波羅僧揭諦 菩提娑婆訶
바 라 승 아 제 모 지 사 바 하

154

부처님의 세상으로 들어가는 주문이라
'마하반야 바라밀다' 확실하게 알지어다.

모든 소원 이루어 줄 신비로운 주문이고
세상 실체 남김없이 환히 밝힐 주문이며
무엇보다 최상 공덕 갖고 있는 주문이니
이 세상에 으뜸가는 신령스런 주문이라.

중생들의 온갖 고통 없애주고 달래주는
진실 되고 헛됨 없는 부처님의 주문일세.

'마하반야 바라밀다' 그 주문을 일러주니
지극정성 읽고 외워 지녀야만 하느니라.

아제아제 바라아제 바라승아제 모지 사바하
(3번)

반야심경 강설

관자재觀自在   세상의 실상實相을 정확히 보고 아는 것이 관觀이며, 여기서 얻어진 힘으로 어디에도 걸림이 없는 것을 자재自在라고 하니, 이를 합쳐 관자재라 한다.

보살   보리살타의 준말이다. 부처님의 세상으로 들어가는 깨달음을 구하고자 열심히 수행하며, 또한 이 과정에서 모든 중생이 행복해지기를 바라는 마음에서 육바라밀을 실천하고 사는 사람을 말한다. 이를 '상구보리 하화중생上求菩提 下化衆生'이라고 한다. 요즈음에는 절에 다니는 여신도를 평범하게 지칭하는 말로 많이 쓰이지만, 진정한 불자라면 언제나 정확한 뜻을 알고 그 의미를 생각하며 '보살'이라는 말 속에서 끝없는 '보살의 원력'을 생각하고 실천해야 할 것이다.

관자재보살觀自在菩薩   관자재로 수행을 완성하고 중생의 부름에 응하여 어떤 곳이라도 찾아가 대자대비를 베푸시어 가피를 주시는 보살님이다.

반야般若   범어이며 그 뜻은 진리의 실상實相을 꿰뚫어 보는 지혜를 말한다.

바라밀다波羅密多   괴로움이 없는 피안의 세계로서 영원한 행복의 세계, 부처님의 세계, 깨달음의 세계로 건너간다는 의미이다.

반야바라밀다般若波羅密多   육바라밀을 아우른 반야지혜로 중생의 세계를 벗어나 피안의 세계인 부처님의 세상으로 건너가는 것이다.

육바라밀六波羅密 아낌없이 베푸는 보시布施, 부처님의 모습 그대로 살아가는 아름다운 삶인 지계持戒, 현상계의 진실을 알고 시절인연을 기다릴 줄 아는 인욕忍辱, 이런 마음들로 끊임없이 노력하며 살아가는 정진精進, 마음이 시비분별로 흔들리지 않아 행복과 평화 속에 살아가는 선정禪定, 부처님의 삶을 실천할 수 있는 지혜智慧, 보살이 이 여섯 가지 덕목을 실천하여 중생계의 고통을 벗어나 부처님의 세상으로 건너가는 것이 육바라밀의 뜻이다.

오온五蘊 색色 수受 상想 행行 식識 이 다섯 가지 내용물을 모아 만든 중생의 몸과 마음을 말한다. 색色은 중생의 몸이고 수受 상想 행行 식識은 마음에 해당하며 온蘊은 모아놓았다는 뜻이다.

색色 물질로 만들어져 눈으로 볼 수 있는 우리의 몸을 말한다.

수受 **상**想 **행**行 **식**識 중생의 마음 작용을 역할로 나누어 놓은 것이다. 수受는 바깥 경계를 받아들이는 마음이고, 상想은 그 느낌을 이미지로 떠올리는 마음이며, 행行은 자기 경험의 축적에서 그 이미지가 좋은가 나쁜가를 판단해 나가는 과정 속의 마음이고, 식識은 그 과정이 끝나 어떤 결정을 내려 분별하는 마음 작용이다.

공空 허망한 인연이 모여 이루어진 법들은 그 인연이 흩어지면 사라지는 것이므로, 색色으로 드러나는 연기법에 '어떤 실체라고 할 것이 없다.'라는 의미로 쓰이는 것이다. 연기법을 현상 있는 그대로 인정하는 것이 색色이고, 연기법의 참 성품에 '어떤 실체라고 할 것이 없음을 아는 것'이 공空이다.

도고액度苦厄   연기법의 참 성품에 '어떤 실체라고 할 것이 없음'을 아는 이것이, 눈앞에 보이는 모든 경계에 집착하여 일어나는 고통과 재앙이 공空임을 아는 것이므로 이 자리에서 고통과 재앙이 '다 사라졌다[度]'는 것이다.

사리자舍利子   부처님의 제가 가운데 지혜제일인 사리불舍利弗을 말한다. 금강경에서는 공空 사상을 주로 이야기하므로 해공解空의 으뜸인 수보리 존자가 등장하나, 반야심경에서는 반야지혜를 이야기하고자 하여 사리불이 등장하는 것이다.

부처님의 십대제자   지혜제일智慧第一 사리불, 신통제일神通第一 목건련, 두타제일頭陀第一 대가섭, 천안제일天眼第一 아나율, 해공제일解空第一 수보리, 설법제일說法第一 부루나, 논의제일論議第一 가전연, 지계제일持戒第一 우바리, 밀행제일密行第一 라후라, 다문제일多聞第一 아난.

제법諸法   모든 법을 말하는데, 이 법이 무상無常 무아無我임을 모르고 중생의 생각으로 그 법에 집착하여 실체화하고 관념화한 모든 것을 의미한다. 불교에서 말하는 모든 행상行相, 즉 오온五蘊, 육근六根, 육진六塵, 육식六識, 십이연기법十二緣起法, 사제법四諦法 모든 것을 말한다고 해도 좋겠다.

육근六根   육근六根은 대상을 인식하는 기관으로서 안근, 이근, 비근, 설근, 신근, 의근을 말한다. 육근의 근根은 무엇을 만들어 낸다는 뜻을 가지고 있으니, 색, 소리, 냄새, 맛, 느낌, 법의 여섯 가지 경계를 인식하여 알음알이를 내는 곳이라는 뜻이다.

십이연기법十二緣起法 '연기'란 이 세상에 존재하는 온갖 법은 다 여러 인연이 어울려서 만들어진다는 것이다. 인연이 모이면 법이 만들어지고 인연이 흩어지면 법이 사라진다. 흔히 세상에서 말하는 인연법이 바로 이것이다. 연기법을 설명하는 데는 여러 가지 방식이 있다. 보통은 '무명無明, 행行, 식識, 명색名色, 육입六入, 촉觸, 수受, 애愛, 취取, 유有, 생生, 노사老死'의 열두 가지 순서로 이루어진 '십이연기법'이 대표적이다.

고집멸도苦集滅道 중생의 고통과 그 원인을 밝혀 수행을 통하여 고통의 원인을 제거하고 부처님 세상으로 들어가게 만드는 '네 가지 진리'라고 하여 '사제四諦'라고 한다. '고苦'는 중생의 고통으로서 사고四苦나 팔고八苦로 분류되기도 한다. '집集'은 고통의 원인으로서 '나'라는 욕망의 집착이 모여 온갖 고통을 가져온다. '멸滅'은 중생의 고통이 다 사라져서 편안해진 마음자리이니, '깨달음'이나 '열반'을 의미한다. '도道'는 중생의 고통을 가져오는 '나'라는 집착을 없애기 위하여 올바른 길로 나아가는 수행방편이니, 보통 여덟 가지가 있다고 하여 팔정도八正道로 말하기도 한다.

사고四苦**와 팔고**八苦 생生·로老·병病·사死 네 가지 괴로움이 '사고四苦'이고, '팔고八苦'는 여기에 중생의 몸과 마음 자체가 괴로움이라는 '오음성고五陰盛苦', 사랑하는 사람과 헤어지는 데서 오는 괴로움인 '애별리고愛別離苦', 증오하고 미워하는 사람을 만나는 데서 오는 괴로움인 '원증회고怨憎會苦', 갖고자 하는 것을 갖지 못하는 데서 오는 괴로움인 '구부득고求不得苦'를 포함한 것이다.

노사老死 늙음과 죽음은 중생에게 큰 고통인데, 이는 무명으로 인하여 중생의 몸을 받았기 때문에 있게 된다.

무명無明 부처와 중생의 경계에 있으면서 중생을 있게 만든 어리석음의 근원이다. 이 무명이 없어져야 깨달음을 얻는다.

심무가애心無罣碍 모든 것이 공성空性임을 아는 참마음의 흐름은 거리끼거나 방해될 것이 없다는 것이다. 가罣는 거리끼고 방해될 '괘罣'자 인데 보통 '가'로 읽는다. '애碍'자는 거리끼고 방해될 '애礙'자의 약자이다.

전도몽상顚倒夢想 실재하지 않는 세상을 있다고 착각하는 꿈같은 생각을 말한다.

구경열반究竟涅槃 꿈을 깨면 꿈속의 세상을 연연하지 않고 평온해지듯, 보살이 세상의 실체를 알면 마음에 거리끼고 두려워 할 것이 없어 그 자리에서 '마침내 영원한 평화와 행복 그 자체인 부처님 세상'으로 들어가는 것이다.

삼세제불三世諸佛 과거 현재 미래의 모든 부처님을 말한다.

아뇩다라삼먁삼보리 범어인데 '무상정등정각無上正等正覺'이라 번역하니, 높고 바른 최고의 깨달음이다.

반야바라밀다주般若波羅密多呪 반야지혜로 부처님의 세상으로 가는 주문이다. '아제아제 바라아제 바라승아제 모지 사바하'를 말한다.

무상계
無常戒

더 없이 맑고 깨끗한 부처님의 계

夫無常戒者
부 무 상 계 자

入涅槃之要門　越苦海之慈航
입 열 반 지 요 문　월 고 해 지 자 항

是故　一切諸佛　因此戒故　而入涅槃
시 고　일 체 제 불　인 차 계 고　이 입 열 반

一切衆生　因此戒故　而度苦海
일 체 중 생　인 차 계 고　이 도 고 해

某靈　汝今日　逈脫根塵　靈識獨露
모 령　여 금 일　형 탈 근 진　영 식 독 로

受佛無上淨戒　何幸如也
수 불 무 상 정 계　하 행 여 야

某靈　劫火洞燃　大千俱壞
모 령　겁 화 통 연　대 천 구 괴

須彌巨海　磨滅無餘
수 미 거 해　마 멸 무 여

무상계

무상계란 극락정토 들어가는 요긴한 문
생사바다 건너가는 자비로운 반야용선

이 때문에 부처님들 무상계로 열반 얻고
모든 중생 이 계 받아 생사고해 건너가네.

(   ) 영가시여,
그대 금일 몸을 벗고 신령스런 마음으로
이 자리서 부처님의 깨끗한 계 받게 되니
이보다 더 행복하고 기쁜 일이 있겠습니까.

(   ) 영가시여,
세월 속에 언젠가는 이 세상도 사라지고
수미산과 큰 바다도 마멸되어 없어질 것

何況此身
하 황 차 신

生老病死　憂悲苦惱　能與遠違
생 로 병 사　우 비 고 뇌　능 여 원 위

某靈　髮毛爪齒　皮肉筋骨
모 령　발 모 조 치　피 육 근 골

髓腦垢色　皆歸於地　唾涕膿血
수 뇌 구 색　개 귀 어 지　타 체 농 혈

津液涎沫　痰淚精氣　大小便利
진 액 연 말　담 루 정 기　대 소 변 리

皆歸於水　煖氣歸火　動轉歸風
개 귀 어 수　난 기 귀 화　동 전 귀 풍

四大各離　今日亡身　當在何處
사 대 각 리　금 일 망 신　당 재 하 처

某靈　四大虛假　非可愛惜
모 령　사 대 허 가　비 가 애 석

164

이 앞에서 나란 몸에 생로병사 근심 걱정
하물며 더 말을 보탤 필요가 있겠습니까.

(   ) 영가시여,
머리카락 이와 손톱 살과 피부 뼈와 근육
단단한 것 흩어져서 땅 밑으로 돌아가고
침과 가래 콧물 진액 피와 고름 땀방울과
눈물 정액 오줌 똥물 축축한 것 흩어져서
물속으로 돌아가며 몸의 열기 불로 가고
움직이는 기운들은 바람으로 돌아가니
다 흩어져 없어지면 이제 그 몸 어디 있소.

(   ) 영가시여,
땅의 기운 물의 기운 불과 바람 기운 뭉친
허망하고 거짓된 몸 아까을 게 전혀 없네.

汝從無始已來 至于今日
여 종 무 시 이 래　지 우 금 일

無明緣行
무 명 연 행

行緣識　識緣名色
행 연 식　식 연 명 색

名色緣六入
명 색 연 육 입

六入緣觸　觸緣受　受緣愛
육 입 연 촉　촉 연 수　수 연 애

愛緣取　取緣有　有緣生
애 연 취　취 연 유　유 연 생

生緣老死　憂悲苦惱
생 연 노 사　우 비 고 뇌

無明滅則　行滅
무 명 멸 즉　행 멸

行滅則　識滅　識滅則　名色滅
행 멸 즉　식 멸　식 멸 즉　명 색 멸

〈십이연기법〉

그대는 먼 옛날부터 이날까지 오는 세월
무명이란 인연으로 중생 마음 만들어져
이 마음이 점차 커져 알음알이 생겨나니
사람 몸에 들어가서 잉태했단 말을 듣네.

태아 몸에 눈 귀 코 혀 살과 뜻의 감각기관
'색성향미촉법'이란 바깥 경계 접촉하고
접촉하는 느낌에서 좋다 싫다 받아들여
받아들인 좋은 것만 사랑하고 집착한다.

좋아하는 그 감각만 취하려고 달려들어
그 집착이 업이 되어 중생계로 태어나고
생로병사 근심 걱정 그 업보를 받게 된다.

만약 무명 사라지면 중생 마음 사라지고
이 마음이 사라지면 알음알이 없어지니
사람 몸에 들어가서 잉태했단 말도 없네.

名色滅則　六入滅
명 색 멸 즉　육 입 멸

六入滅則　觸滅　觸滅則　受滅
육 입 멸 즉　촉 멸　촉 멸 즉　수 멸

受滅則　愛滅
수 멸 즉　애 멸

愛滅則　取滅　取滅則　有滅
애 멸 즉　취 멸　취 멸 즉　유 멸

有滅則生滅
유 멸 즉 생 멸

生滅則　老死　憂悲苦惱滅
생 멸 즉　노 사　우 비 고 뇌 멸

諸法從本來　常自寂滅相
제 법 종 본 래　상 자 적 멸 상

佛子行道已　來世得作佛
불 자 행 도 이　내 세 득 작 불

168

태아 몸이 사라지니 육근조차 있질 않아
육근이란 존재 없어 바깥 경계 접촉 없고
접촉 없어 온갖 느낌 받을 일이 전혀 없네.

받아들일 느낌 없어 시비분별 사라지고
시비분별 사라지니 취할 것도 전혀 없고
취할 것이 없어지니 업도 따라 사라지네.

업이 없어 중생계로 태어날 일 없으리니
생로병사 근심 걱정 절로절로 사라진다.

(법화경 사구게)
모든 법은 본디부터 티가 없이 맑고 맑아
늘 언제나 그 자체가 번뇌 없이 고요하니
부처님의 제자들이 이를 알고 도 닦으면
오는 세상 틀림없이 부처님이 될지니라.

諸行無常
제 행 무 상

是生滅法
시 생 멸 법

生滅滅已　寂滅爲樂
생 멸 멸 이　적 멸 위 락

歸依佛陀戒
귀 의 불 타 계

歸依達磨戒
귀 의 달 마 계

歸依僧伽戒
귀 의 승 가 계

南無　過去寶勝如來　應供
나 무　과 거 보 승 여 래　응 공

正遍知　明行足　善逝　世間解
정 변 지　명 행 족　선 서　세 간 해

無上士　調御丈夫　天人師　佛世尊
무 상 사　조 어 장 부　천 인 사　불 세 존

(열반경 사구게)

이 세상의 모든 것은 늘 바뀌고 덧없는 것
생멸하는 이 법들에 집착하면 모두 고통
생멸법에 집착 없어 마음 다툼 사라지면
부처님의 마음자리 영원토록 행복일세.

(부처님께 귀의하는 영가)

눈부시게 아름다운 부처님의 거룩한 삶
모든 집착 없애주는 옳고 바른 가르침들
티가 없이 맑고 맑게 수행하신 스님들께
몸과 마음 다 바쳐서 귀의하고 공경하옵니다.

(여래 십호)

과거 세상 보배로서 뛰어나신 보승여래
응공 정변지 명행족 선서 세간해
무상사 조어장부 천인사 불세존께 몸과
마음 다 바쳐서 귀의하고 공경하옵니다.

某靈
모 령

脫却五陰殼漏子　靈識獨露
탈 각 오 음 각 루 자　영 식 독 로

受佛無上淨戒　豈不快哉　豈不快哉
수 불 무 상 정 계　기 불 쾌 재　기 불 쾌 재

天堂佛刹
천 당 불 찰

隨念往生　快活快活
수 념 왕 생　쾌 활 쾌 활

西來祖意最堂堂　自淨其心性本鄕
서 래 조 의 최 당 당　자 정 기 심 성 본 향

妙體湛然無處所　山河大地現眞光
묘 체 담 연 무 처 소　산 하 대 지 현 진 광

172

(   ) 영가시여,

그대 금일 몸을 벗고 신령스런 마음으로
이 자리서 부처님의 깨끗한 계 받았으니
이보다 더 행복하고 기쁜 일이 있겠습니까.

하늘나라 천당이든 부처님의 정토이든
그대 뜻에 따르면서 극락왕생할 것이니
이 자리는 너무나도 기쁘면서 즐거운 날.

조사 스님 높은 뜻은 어딜 가도 당당하니
그대 마음 맑혀 보면 그 자리가 본디 고향
텅 빈 충만 그 바탕이 이 세상에 가득하여
산과 바다 온 땅들이 부처님의 빛이로다.

▌회향문▐

(   ) 사경 제자는
부처님 전에 사경을 마친 경전을 바칩니다.

경을 쓰는 이 공덕이 보살들의 뛰어난 삶
끝도 없이 뛰어난 복 온갖 공덕 회향하니
이 힘으로 원하건대 무명 속의 모든 중생
지금 바로 부처님의 극락정토 가옵소서.

나무 석가모니불
나무 석가모니불
나무 시아본사석가모니불

20   년   월   일 불제자   정례(頂禮)

정성껏 쓰신 사경을 활용하는 방법

1. 정성껏 쓰신 사경본은 본인이 지니고 독송용으로 소장하면서, 집안의 가보로 삼으셔도 됩니다.

2. 또한 사경본을 집안 식구나 가까운 친지 및 주변 도반들에게 법공양을 올려 부처님과 인연을 맺어주면 그 공덕으로, 뒷날 그들은 다시 험하고 나쁜 세상에 태어나지 않게 될 것입니다.

3. 육신을 벗어난 영가를 천도하기 위하여 쓰신 사경본은 사십구재나 기일을 택하여 그들의 극락왕생을 위한 의식을 행할 때, 소대가 있는 절에서 도솔천으로 공양을 올리기도 합니다.

4. 법당이나 성스러운 불상 또는 부처님의 탑을 조성할 때 복장용으로 안치한 사경본은 오랜 세월이 흐른 뒤에도 정법을 이어주는 공덕이 있습니다.

원순 스님

해인사 백련암에서 성철 스님을 은사로 모시고 출가하여
해인사·송광사·봉암사 등 제방선원에서 정진하였다.
『명추회요』를 번역한 『마음을 바로 봅시다』『한글원각경』『육조단경』『선요』
『선가귀감』을 강설한 『선수행의 길잡이』 등 다수의 불서를 펴냈으며
난해한 원효 스님의 『대승기신론 소·별기』를 『큰 믿음을 일으키는 글』로 풀이하였다.
현재 송광사 인월암에서 안거 중.

관세음보살 보문품 사경본

초판 발행 | 2022년 11월 8일
펴낸이 | 열린마음
풀어쓴이 | 원순

펴낸곳 | 도서출판 법공양
등록 | 1999년 2월 2일·제1-a2441
주소 | 03150 서울시 종로구 삼봉로 81
두산위브파빌리온 836호
전화 | 02-734-9428
팩스 | 02-6008-7024
이메일 | dharmabooks@chol.com

ⓒ 원순, 2022
ISBN 979-11-92127-03-2

값 12,000원

부처님의 가르침을 올바르게 _ 도서출판 법공양

원순 스님이 풀어쓰거나 강설한 책들

능엄경 1, 2 중생계는 중생의 망상으로 생겨났음을 일깨우며, 번뇌를 벗어나

부처님 마음자리로 들어가는 가르침과 능엄신주를 설한 경전

규봉스님 금강경 금강경을 논리적으로 풀어가고 있는

기존의 시각과 다른 새로운 금강경 해설서

부대사 금강경 경에 담긴 뜻을 부대사가 게송으로 풀어낸 책

야부스님 금강경 경의 골수를 선시로 풀어 가슴을 뚫는 문학적 가치가 높은 책

육조스님 금강경 금강경의 이치를 대중적으로 쉽게 풀어쓴 금강경 기본 해설서

종경스님 금강경 아름다운 게송으로 금강경 골수를 드러내는 명쾌한 해설서

함허스님 금강경 다섯 분의 금강경 풀이를 연결하여 꿰뚫어 보게 하면서

금강경의 전개를 파악하고 근본 가르침을 또렷이 알 수 있게

설명한 험허스님의 걸작

지장경 지장보살의 전생 이야기와 그분의 원력이 담긴 경전

연꽃법화경 모든 중생이 부처님이라는 혁신적인 내용을 담고 있으면서도

고전문학의 가치를 지닌 경전

연경별찬 설잠 김시습이 『연꽃법화경』을 찬탄하여 쓴 글

한글 원각경 함허득통 스님이 주해한 원각경을 알기 쉽게 풀어쓴 글

초발심자경문 이 세상 모든 사람을 위한 마음 닦는 글

치문 1·2·3권 생활 속에서 가까이 해야 할 선사들의 주옥같은 가르침

선가귀감 경전과 어록에서 선의 요점만 추려 엮은 '선 수행의 길잡이'

큰 믿음을 일으키는 글 불교 논서의 백미로 꼽히는 『대승기신론 소·별기』 번역서

마음을 바로 봅시다 上下 『종경록』 고갱이를 추린 『명추회요』 국내 최초 번역서

선요	선의 참뜻을 일반 불자들도 알 수 있도록 풀이한 글
몽산법어	간화선의 교과서로 불리는 간화선 지침서
禪 스승의 편지	선방 수좌들의 필독서, 대혜 스님의 『서장書狀』 바로 그 책
절요	'선禪의 종착지로 가는 길'을 알려주는 보조지눌 스님의 저서
진심직설	행복한 마음을 명료하게 설명해 주는 참마음 수행 지침서
선원제전집도서	선과 교의 전체 내용을 체계적으로 정리한 참 좋은 책
무문관	선의 종지로 들어갈 문이 따로 없으니 오직 화두만 참구할 뿐.
정혜결사문	이 시대에 정혜결사의 뜻을 생각해 보게 하는 보조 스님의 명저
선문정로	퇴옹 성철 큰스님께서 전하시는 '선의 종착지는 어디인가?'
육조단경 덕이본	육조스님 일대기와 가르침을 극적으로 풀어낸 선종 으뜸 경전
돈오입도요문론	단숨에 깨달아 도에 들어가는 가르침을 잘 정리한 책
신심명 · 증도가	마음을 일깨워 주는 게송으로서 영원한 선 문학의 정수
한글 법보 염불집	불교 의식에 쓰이는 어려운 한문 법요집을 그 뜻을 이해하고 염불할 수 있도록 아름다운 우리말로 풀어씀
신심명 강설	신심명 게송을 하나하나 알기 쉽게 풀어 선어록의 이해를 돕는 간결한 지침서
선禪 수행의 길잡이	선과 교를 하나로 쉽게 이해하는 『선가귀감』을 강설한 책
돈황법보단경 강설	육조스님 가르침을 간결하고 명료하게 담고 있는 책. 저자의 강설이 실려 있어 깊은 뜻을 쉽게 이해할 수 있는 책

독송용 경전 _   **우리말 금강반야바라밀경 및 금강경 사경본**

      관세음보살보문품 및 보문품 사경본

      약사유리광 칠불본원공덕경 및 약사경 사경본

      보현행원품 사경본

      우리말 불설 미륵경 및 미륵경 사경본